はじめに

　地域共生社会の実現を図るため、複雑化・複合化したニーズに対応する包括的な福祉サービス提供体制を整備する観点から、「地域共生社会の実現のための社会福祉法等の一部を改正する法律」により社会福祉法が改正され、令和3年4月から施行されました。これにより「相談支援」「参加支援」「地域づくりに向けた支援」を一体的に実施する「重層的支援体制整備事業」が始まり、各区市町村の実情に応じた体制づくりが始まっています。

　令和5年3月現在、都内では7つの自治体がこの重層的支援体制整備事業を実施しています。また、17の自治体が移行準備事業を実施しており、令和5年度以降、順次本格実施に移行していく予定です。各自治体では、これまで積み上げてきた取組みを活かしながら、本事業の5つの事業である「包括的相談支援事業」「参加支援事業」「地域づくりに向けた支援事業」「アウトリーチ等を通じた継続的支援事業」「多機関協働事業」の整備を進めているところです。

　東京都社会福祉協議会では、令和3年10月から令和5年1月にかけて、重層的支援体制整備事業を実施している7つの自治体の区市町村社会福祉協議会（以下、区市町村社協）に取組み状況のヒアリングを実施しました。区市町村社協の本事業への関わり方は、各自治体によってさまざまですが、地域福祉の推進を担ってきた区市町村社協が、どのような形であれ、その力を発揮していくべき事業であることは明らかです。そこで、ヒアリングした内容をもとに、プロジェクトチームで本事業に社協が取り組む際のポイントを整理しました。ポイントは大きく「それまでに地域で積み上げてきたものの延長に」「どのような層の支援を強化するか課題を絞り明確化」「継続的な関わりのプロセスを評価する」「福祉施設・事業所、民生・児童委員活動、住民活動に対して取組みを可視化し連携」の4つに整理されました。

　今、コロナ禍で新たな地域課題が顕在化していますが、重層的支援体制整備事業を活用して、そのような課題に対応する取組みも見られています。しかし、課題は複雑化、複合化しており、多様な主体が課題を共有し、連携・協働していくことが求められています。地域で活動する多くの関係機関、関係者に重層的支援体制整備事業における取組みを知っていただけると幸いです。

JN117352

目　次

7つの実施地区の実践からみえてきている4つのポイント ……………………… 4

実施地区における取組みの特徴 ……………………………………………… 6

重層的支援体制整備事業実施地区における社協の取組み ………………… 10

事例 1　包括的相談支援を担う各拠点CSWを増員するとともに、
社協本体の支えあい推進課に多機関協働担当CSWを専従配置
―八王子市社協における重層的支援体制整備事業の取組み …………… 21

事例 2　地区ごとの包括的相談支援「福祉の相談窓口」と
ひきこもり支援に特化した多機関協働事業
―世田谷区社協における重層的支援体制整備事業の取組み …………… 33

事例 3　6つの圏域に地域福祉コーディネーターを複数配置し、市と社協に
相談支援包括化推進員を配置するとともに、3つの重点対象者を設定
―立川市社協における重層的支援体制整備事業の取組み ……………… 43

事例 4　全職員による地域担当の取組みと「福祉何でも相談」を活かして
ひきこもり支援と地域の居場所応援窓口を実施
―中野区社協における重層的支援体制整備事業の取組み …………… 53

事例 5　地域福祉プラットフォームを活かした、ひきこもり等の複合的課題を
抱えた方へのアウトリーチ等積極的な個別支援と地域づくり
―墨田区社協における重層的支援体制整備事業の取組み …………… 63

事例 6　ほっとネットステーションにおける
地域福祉コーディネーターの取組みを活かした事業実施
―西東京市社協における重層的支援体制整備事業の取組み …………… 73

事例 7　3つのエリアに配置するCSWがアウトリーチを通じた支援事業を担うと
ともに、相談支援包括化推進員を兼務。市の相談支援包括化推進員と
お互いの強みを活かして、支援・つなぎ・出会いを重層化する。
―狛江市社協における重層的支援体制整備事業の取組み …………… 85

重層的支援体制整備事業に向けた 社協の取組み方策検討プロジェクト………… 99

それまでに地域で積み上げてきた ものの延長に

　全く新しいものを創り上げるのではなく、それぞれの地域でそれまでに積み上げてきたものをベースとして、それをさらに機能強化する手段として重層的支援体制整備事業を用いられています。とりわけ地域福祉コーディネーターや CSW の増配置が多くみられます。

7つの実施地区の実践

4つの

継続的な関わりのプロセスを 評価する

　この事業の実績や成果をカウントすることの難しさが指摘されています。重層的支援体制整備事業は、特定の課題を解決するとともに、つながり続けるアプローチをめざした事業です。一つひとつのケースによってもゴールも異なり、プロセスをどう評価するかの共通認識が必要となっています。

Point 2

どのような層の支援を強化するか課題を絞り明確化

重層的支援体制整備事業を用いてどういった層の支援を強化したいかが共有されています。既存の相談支援機関に寄せられている複合的な課題のあるケースを分析して多機関協働にふさわしい事例を明確にしたり、「ひきこもり」や「ポストコロナの生活困窮者」などを重点対象に定める取組みがみられます。

からみえてきているポイント

Point 4

福祉施設・事業所、民生・児童委員活動、住民活動に対して取組みを可視化し連携

自治体と社協がお互いの強みを生かしてしくみを作るとともに、地域の相談機関をはじめ、福祉施設・事業所、民生・児童委員、また、既存の住民活動の力を借りていくことが大切になります。例えば、社会福祉法人の連絡会活動と結び付けたり、既存のサロンや居場所と参加支援の場づくりをすすめるなどです。

八王子市社協　21ページ

　平成26年度から設置をすすめてきた地域福祉推進拠点（はちまるサポート）の各拠点（10か所）にCSWを複数配置し、その拠点CSWが包括的相談支援、アウトリーチ等を通じた継続的支援事業、参加支援事業、地域づくりに向けた支援事業を担うとともに、社協の支え合い推進課に多機関協働事業を実施する4名のCSWを配置している。

Ⅰ 包括的相談支援事業
　●社協（拠点）※～R2補助事業 → R3～委託事業
　●既存の相談支援機関（高齢者あんしん相談センター（包括）、子ども家庭支援センター、若者総合相談センター、障害者地域生活支援拠点、保健所他）

Ⅱ 多機関協働事業
　●社協（包括的相談支援事業と連携）※新規

Ⅲ アウトリーチ等を通じた継続的支援事業 ※新規　●社協

Ⅳ 参加支援事業 ※新規　●社協

Ⅴ 地域づくり事業　●社協　●既存の各所管の事業（生活支援体制整備事業、地域活動支援センター事業、地域子育て支援拠点事業、生活困窮者の共助の基盤づくり事業等）

多機関協働事業　相談フロー図

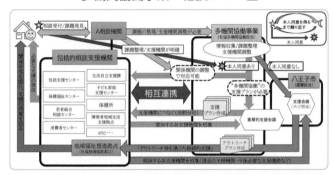

世田谷区社協　33ページ

　平成26年度からすすめてきた地域包括ケアの地区展開（28地区）によって各地区にまちづくりセンター、地域包括支援センター、社協の3者が連携した「福祉の相談窓口」が包括的相談支援事業の一翼を担う。令和4年度からは「ひきこもり相談窓口」が新たに設置され、社協が受託する生活困窮者自立相談支援センター「ぷらっとホーム世田谷」と「メルクマールせたがや」が連携して運営し、重層的支援会議を開催する等、多機関と協働してひきこもり支援を実施している。

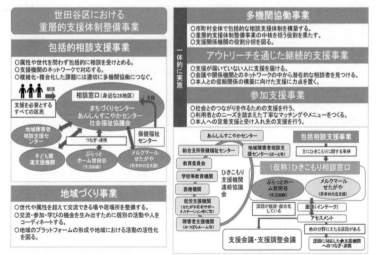

立川市社協　43 ページ

　平成 19 年度から配置をすすめてきた地域福祉コーディネーターを本事業の受託にあたり 6 圏域全てで複数の配置を実現するとともに、分野を超えて専門機関と連携する相談支援包括化推進員を社協に 2 名、自治体に 1 名を配置している。市の地域福祉計画と社協の地域福祉活動計画は同じ 3 つの重点推進事項を定め、その 3 つは「相談支援」「参加支援」「地域づくりに向けた支援」となっている。また、本事業の実施にあたって、令和 4 年度の重点対象者を「ポストコロナの生活困窮」、「ヤングケアラー」、「ひきこもり」に定め、制度の狭間や複雑化した相談の支援を強化する。

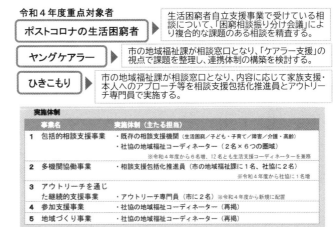

令和 4 年度重点対象者

ポストコロナの生活困窮者	▶	生活困窮者自立支援事業で受けている相談について、「困窮相談振り分け会議」により複合的な課題のある相談を精査する。
ヤングケアラー	▶	市の地域福祉課が相談窓口となり、「ケアラー支援」の視点で課題を整理し、連携体制の構築を検討する。
ひきこもり	▶	市の地域福祉課が相談窓口となり、内容に応じて家族支援・本人へのアプローチ等を相談支援包括化推進員とアウトリーチ専門員で実施する。

実施体制

	事業名	実施体制（主たる担当）
1	包括的相談支援事業	・既存の相談支援機関（生活困窮／子ども・子育て／障害／介護・高齢） ・社協の地域福祉コーディネーター（2 名×6 つの圏域） ※令和 4 年度から 6 名増、12 名とも生活支援コーディネーターを兼務
2	多機関協働事業	・相談支援包括化推進員（市の地域福祉課に 1 名、社協に 2 名） ※令和 4 年度から社協に 1 名増
3	アウトリーチを通じた継続的支援事業	・アウトリーチ専門員（市に 2 名）※令和 4 年度から新規に配置
4	参加支援事業	・社協の地域福祉コーディネーター（再掲）
5	地域づくり事業	・社協の地域福祉コーディネーター（再掲）

中野区社協　53 ページ

　中野区は平成 29 年度から 15 の区民活動センター圏域に保健師、福祉職、事務職員などの行政職員による「アウトリーチチーム」を配置。重層的支援体制整備事業では、このチームが「支援会議」「重層的支援会議」「（中野区独自の）連携会議」を主体的に担う。中野区社協では平成 16 年度から社協全職員がそれぞれ地域を担当する地域担当制をとっており、その実践を通じて個別相談も寄せられるようになり、平成 27 年度より「福祉何でも相談」を社協の地域活動推進課に置いている。重層的支援体制整備事業では、中野区社協は参加支援事業として「ひきこもり支援事業」、コロナ禍で停滞している「地域の居場所」の活性化に焦点を当てた地域づくりに向けた支援事業を受託している。

重層的支援体制整備事業の受託内容

ひきこもり支援事業
　相談窓口の設置、情報発信、アウトリーチ等を通じた継続的支援、ネットワークづくり、重層的支援会議の参加、プラン作成、プランに沿った支援、フォローアップ

区民による公益的な活動（地域の居場所提供型）の運営支援および立ち上げ支援事業
　相談窓口の設置、活動状況の把握、運営支援、立ち上げ支援、中野区アウトリーチチームとの情報共有

重層的支援体制整備事業を社協全体で取り組むために…
〇生きづらさを抱えた方への支援を通じた社会資源づくり（福祉何でも相談）
〇専門職とのつながりづくり（区内社会福祉法人等連絡会の発足と協働事業）
〇15 の地域の地域担当職員による地域支援や民生児童委員と連携した活動
〇中野つながるフードパントリーの実施（生活困窮者支援を通じてできた多様なつながり）

墨田区社協 　63 ページ

　地縁組織による小地域福祉活動に加えて、平成 28 年度からは相談と交流の拠点として社協の CSW が常駐する「地域福祉プラットフォーム」を設置し、令和３年度には３か所目を設置した。令和４年度からの『墨田区地域福祉計画』に『重層的支援体制整備事業実施計画』を掲載しており、同計画では世代・属性を問わない相談支援、地域づくりの場として、またアウトリーチ及び参加支援の地域拠点として「地域福祉プラットフォーム」の機能を強化するとともに、多機関協働事業は区の福祉保健部が直営で担い、CSW は毎月開催される支援会議等に参画する。

西東京市社協 　73 ページ

　各分野の相談支援機関の連携とともに、どこに相談したらよいかわからない相談を「ほっとネットステーション」で社協の地域福祉コーディネーターが相談をうかがい、専門の窓口や解決のしくみにつなげる。多機関協働事業は、「支援会議」は市が主体となって実施し、重層的支援会議は社協の地域福祉コーディネーターが実施する。「ほっとネット推進員」や「地域の縁側プロジェクト」との連携やつながりを活かし、参加支援事業においては社会とつながりを作るための支援や地域づくりに向けた支援事業での支援、アウトリーチ等を通じた継続的支援事業での情報収集、本人や世帯へのアプローチの実施が想定される。

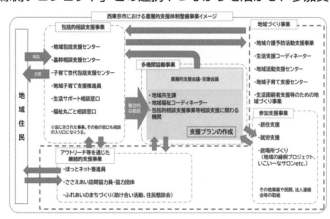

狛江市社協　85 ページ

　狛江市重層的支援体制整備事業実施計画では、「支援」「つなぎ」「出会い」の３つの重層化を図るとしている。幅広い相談窓口からの情報を「相談支援包括化推進員」へ集約するため、新たに「つなぎシート」を作成。社協の CSW 以外にも各施設の担当者を「つなぎシート連絡員」に任命し、情報が集まるようにする。多機関協働事業は、直営と委託を併用する。制度の狭間にある問題や複合的な課題を抱える市民・世帯を中心に市の相談支援課相談支援係長と社協の CSW ３名が「相談支援包括化推進員」を兼務し、市と社協でケースに応じて役割分担しながら重層的支援会議の運営を行う。また、社協の CSW と地域住民が「福祉のまちづくり委員会」をプラットフォームとして設置する。

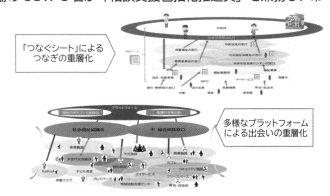

「つなぎシート」による
つなぎの重層化

多様なプラットフォーム
による出会いの重層化

重層的支援体制整備事業実施地区における社協の取組み

東京都社会福祉協議会　地域福祉部

Ⅰ　重層的支援体制整備事業とは

　改正社会福祉法により令和３年４月からスタートした 「重層的支援体制整備事業」は、地域住民の複合化・複雑化した支援ニーズに対応していくための事業であり、実施を希望する区市町村の手あげによる任意事業として、東京都内では、令和３年度から２自治体、令和４年度からは５つの自治体が加わり、最初の２年間で７自治体で実施された。同事業は、「断らない相談支援」「参加支援」「地域づくりに向けた支援」の３つの支援を地域に作り上げていくことを目的とし、めざされている地域は、地域共生社会の理念を実現するものとなっている。

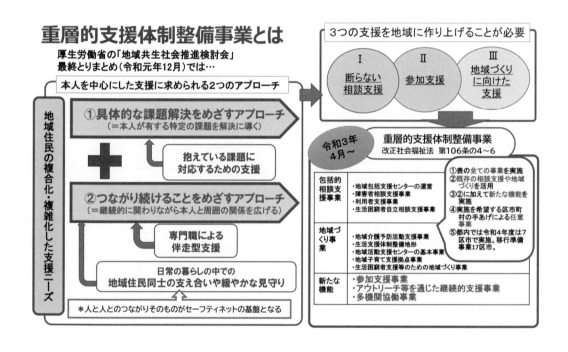

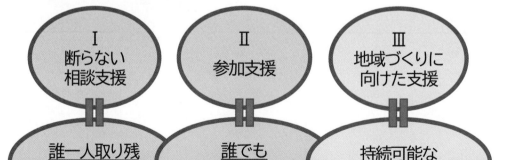

これらの３つの支援を構築するべく、重層的支援体制整備事業では既存の相談支援や地域づくりはこれまでと同様に活かしつつ、新たに「参加支援事業」「アウトリーチ等を通じた継続的な支援事業」「多機関協働事業」という３つの事業が加えられた。そのため、それぞれの地域でこれまでに積み上げてきた取組みをこの事業を用いていかに機能強化させるかが極めて重要になる。

　そうした視点に立って、本プロジェクトでは、７つの実施地区でこれまでに積み上げられてきた機能がどのようなものであり、それを重層的支援体制整備事業によってどのように発展させようとしているかに着目し、以下の４つのポイントをはじめとして今後、未実施の地区も含めて地域において取り組むべき方策を検討した。

Point 1

それまでに地域で積み上げてきたものの延長に

　全く新しいものを創り上げるのではなく、それぞれの地域でそれまでに積み上げてきたものをベースとして、それをさらに機能強化する手段として重層的支援体制整備事業を用いられています。とりわけ地域福祉コーディネーターや CSW の増配置が多くみられます。

Point 2

どのような層の支援を強化するか課題を絞り明確化

　重層的支援体制整備事業を用いてどういった層の支援を強化したいかが共有されています。既存の相談支援機関に寄せられている複合的な課題のあるケースを分析して多機関協働にふさわしい事例を明確にしたり、「ひきこもり」や「ポストコロナの生活困窮者」などを重点対象に定める取組みがみられます。

７つの実施地区の実践からみえてきている
４つのポイント

Point 3

継続的な関わりのプロセスを評価する

　この事業の実績や成果をカウントすることの難しさが指摘されています。重層的支援体制整備事業は、特定の課題を解決するとともに、つながり続けるアプローチをめざした事業です。一つひとつのケースによってもゴールも異なり、プロセスをどう評価するかの共通認識が必要となっています。

Point 4

福祉施設・事業所、住民活動に対して取組みを可視化し連携

　自治体と社協がお互いの強みを生かしてしくみを作っていくとともに、地域の相談機関をはじめ、福祉施設・事業所、また、既存の住民活動の力を借りていくことが大切にされています。例えば、社会福祉法人の連絡会の活動と結び付けたり、既存のサロンや居場所に参加支援の場の提供を呼びかけるなどです。

Ⅱ　重層的支援体制整備事業の都内7つの実施地区の取組み

1　社協が受託している事業

　5つの事業すべてを受託している社協もあれば、事業の一部を受託している社協もある。いずれの事業も受託の有無に関わらず、地域福祉コーディネーターが各事業に大きく関わっている。

社協が受託している事業

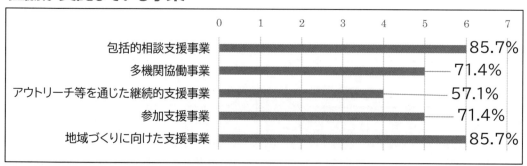

主な受託内容 ▸ ▸ ▸

○「**包括的相談支援事業**」は、既存の相談支援機関とともに社協の地域福祉コーディネーター（またはCSW）が包括的相談支援の一翼を担う受託が多い。

○「**多機関協働事業**」は、受託の有無に関わらず、基本的には自治体が関係所管課や関係機関の招集を担っている。受託している場合にも自治体が中心的に担う一部を受託（相談支援包括化推進員を自治体と社協の双方に配置など）している。また、受託していない場合にも社協が自治体による実施に協力（プランの原案作成など）している。

○「**アウトリーチを通じた継続的な支援事業**」では、重層的支援会議を経たプラン作成後のケースに限らず地域福祉コーディネーター（またはCSW）が支援につながっていないケースへのアウトリーチなどに取り組まれている。行政にアウトリーチ専門員を配置している自治体もみられる。

○「**参加支援事業**」は、ひきこもりにかかる支援の取組みが多くみられる。社協以外の団体が受託している自治体も2つみられた。

○「**地域づくりに向けた支援事業**」は、受託の有無にかかわらずすべての社協に取組みがみられるが、重層的支援体制整備事業において対応する課題を定めている自治体もある。

2　重層的支援体制整備事業による実施地区の成果と課題

　７つの実施地区では、重層的支援体制整備事業を通じて関係機関同士の一定程度の連携がすすんだり、従来は支援につながりにくかったケースも支援会議を活用してアプローチがすすむ一方、事業を通じて顕在化した個別ケースへの対応力を強化していく必要性やそのための体制の確保、また、参加支援の場づくりなどの課題もみられた。

　実施地区の社協からは、以下のような成果と課題が挙げられている。

重層的支援体制整備事業による成果と課題

成果と感じていること

○自治体と社協の具体的な役割分担や連携について意見交換がすすんだ。
　⇒緊急性や介入の必要性が高いケースは自治体の相談支援包括化推進員が中心に対応し、地域とのつながりが必要なケースは社協の地域福祉コーディネーターや相談支援包括化推進員が対応など

○これまで個人情報保護の壁で支援に行き詰っていたケースでの検討が支援会議を活用してすすんだ。

○これまで情報共有する機会が少なかった支援機関と連携できるようになった。

○家族それぞれの課題に対応している複数の支援機関がお互いの支援内容を確認できるようになった。

課題と感じていること

○地域福祉コーディネーターが個別ケースに関わる機会が増え、対応力の向上が求められる。

○全くこれまでに関わりのなかったケースもあり、社協だけでは課題解決は難しく新たな連携も必要となる。

○社会的に孤立している方々の地域の受け皿が少ない。特に若者への支援が地域にはまだ少ない。

○これまでに積み上げた実践を制度化するものであっても、新たなケースや関わりの難しいケースや新たな資源開発も増えるため、適切に人員を配置する必要がある。

○個別ケースにおいて関係形成には長い時間が必要で、その進捗を実績として数値化することが難しい。

3 本事業を活用することで課題解決をすすめられているケースは？

実施地区では、これまでは支援につながりにくかった以下のようなケースで重層的支援体制整備事業を活用することで、課題解決に向けた取組みが始まっている。

課題解決をすすめられているケース

① 世帯構成員に複数の課題があり、その課題が複雑に絡み合っているケース

② 長期にわたりサービスや医療につながっておらず、地域から孤立しているケース

③ 支援会議を通じてアウトリーチすることで関係形成を図ることのできるケース

例）ひきこもりの方のいる 8050 世帯、要介護高齢者とひきこもりの若者の世帯、精神疾患を抱える複数の家族のいる世帯、認知症の母親と発達障害の息子が暮らす世帯、高齢者の母親と同居していた息子の母親が亡くなり集合住宅の更新手続きができずに顕在化した世帯、親子の折り合いが悪くこれからの希望も親子で異なる世帯、ヤングケアラーのいる世帯が抱える複合的な課題など

4 地域福祉コーディネーター、多世代・多機能型拠点と地域福祉（活動）計画

重層的支援体制整備事業のしくみを機能させていくうえで、実施地区では社協に地域福祉コーディネーターや CSW（コミュニティーソーシャルワーカー）を配置することと、各エリアに拠点を整えていくことが共通の取組みとなっている。これらを「区市町村地域福祉計画」と社協の「地域福祉活動計画」の双方に位置付けていくことが、着実な推進につながっている。また、各エリアにそれぞれを配置・設置するとともに、全体を統括したり、エリアごとの取組みを情報共有することも重要になる。

「区市町村地域福祉計画」に位置付け

地域福祉コーディネーターや CSW の配置

多世代・多機能型拠点の設置

（配置例）
＊区市町村内の全てのエリアに配置
＊全てのエリアに複数配置
＊各エリアの地域福祉コーディネーターを後方支援する統括的な地域福祉コーディネーターの配置
＊相談支援包括化推進員を社協に配置

（設置例）
＊各エリアに地域福祉コーディネーターが常駐する拠点を設置
＊地域福祉コーディネーターがアウトリーチする活動拠点
＊相談支援とともに、多世代交流や参加支援の場としての拠点

区市町村社協の「地域福祉活動計画」に位置付け

5　包括的相談支援事業と地域福祉コーディネーター

　各分野にある既存の相談支援機関には日々多くの相談が寄せられている。重層的支援体制整備事業では、既存の相談支援機関の分野の垣根をなくすのではなく、分野ごとの機関のそれぞれの専門性は活かしつつ、複合的な課題を抱える支援ニーズをまずは受けとめることがめざされている。そのため、各窓口がその間口を広げ、ニーズを受けとめ多機関協働へつなぐのりしろを増やしていくことが期待されている。

　7つの実施地区における取組みからは、以下の図のように、既存の相談支援機関による包括的相談支援がのりしろを増やしていくことを支えていくため、図の左下の「連携強化のしくみ」のように、相談支援包括化推進員を配置するなどにより相談支援機関からの情報を集約したり、困難相談を振り分ける会議体を設ける取組みがみられる。図の右側では、「圏域ごとの地域福祉コーディネーター等」が地域に出向き、潜在化しがちな支援ニーズをキャッチする機能を高めたり、分野・対象を超えた支援ニーズを「総合相談窓口」を通じて捉える取組みが行われている。さらには、右下のように、時宜に応じた地域の課題について「対象を重点化した窓口等」を開設することが取り組まれている。

包括的相談支援事業

既存の相談支援機関による包括的相談支援

・地域包括支援センター
・子ども家庭支援センター
・障害者相談支援事業所
・生活困窮者自立相談支援センター 等
（全地区共通）

連携強化

・相談支援包括化推進員を市と社協のそれぞれに配置（立川市）
・「困窮相談振り分け会議」でポストコロナの生活困窮者の相談ケースのうち、重層的支援体制整備事業での対応が必要なケースを精査（立川市）
・市と社協に配置する相談支援包括化推進員に情報を集約するため、新たに「つなぐシート」を作成（狛江市）

圏域ごとの地域福祉コーディネーター等による包括的相談支援

・「地域福祉プラットフォーム」（3カ所）のCSW（墨田区社協）
・10カ所の「はちまるサポート」のCSW（八王子市社協）
・6圏域の地域福祉コーディネーター（立川市社協）
・区直営の圏域ごとのアウトリーチチーム（中野区）
　※社協の全職員による15の地域担当制（中野区社協）

総合相談窓口等による包括的相談支援

・自主事業の「福祉なんでも相談」（墨田区社協）
・区内28地区でまちづくりセンター、地域包括支援センター、社協の三者が連携した「福祉の相談窓口」（世田谷区社協）
・自主事業の「福祉何でも相談」（中野区社協）
　※重層的支援体制整備事業では上記事業を継続しつつ、上記事業でひきこもり支援を受託
・「ほっとネットステーション」で地域福祉コーディネーターが市の他部署と連携して「福祉丸ごと相談窓口」（西東京市社協）

対象を重点化した窓口等による包括的相談支援

・社協が受託するぷらっとホーム世田谷（生活困窮者自立相談支援センター）とメルクマールせたがや（若者相談窓口）が連携して運営する「ひきこもり相談窓口」（世田谷区社協）
・市の地域福祉課に「ひきこもり」「ヤングケアラー」の相談窓口（立川市）

6 潜在的なニーズに対応するため、守秘義務をかけた「支援会議」を活用

重層的支援体制整備事業では、改正社会福祉法第106条に基づく「支援会議」が位置付けられている。同会議では参加者に守秘義務をかけることによって、本人の同意はまだ得られてないが地域で支援が必要とされているケースについて、必要となる支援のアプローチを必要な関係者で検討する機能が期待されている。

法律上、守秘義務をかけることで本人同意を必要とせずに開催できる会議体は、他にも生活困窮者自立支援法における「支援会議」、児童福祉法における要保護児童対策の「個別ケース検討会」、介護保険法における「地域ケア会議における個別ケア会議」があるが、重層的支援体制整備事業の「支援会議」は、分野を特定せずに関係者を集めやすいことがそのメリットとして考えられる。7つの実施地区でも、本人からの同意が得られてから支援プランを検討する「重層的支援会議」よりも、まずは「支援会議」を積極的に活用し、潜在的な課題を抱えるケースへの支援が検討されることが多くなっている。

なお、こうした「支援会議」は守秘義務をかけつつ、庁内を含めたさまざまな関係者に参加を呼びかける必要があることから、会議の招集は社協が行うよりも行政の立場で招集することが必要な関係者を集めやすくしている。

重層的支援体制整備事業の2つの会議体と「個人情報」

支援会議

出席者に守秘義務

本人の同意を得られていない
潜在的な課題を抱えるケースが対象

関係機関が把握しながらも支援が届いていないケースについて情報を共有し、必要となる支援のアプローチを検討

重層的支援会議

支援プラン

関係機関との情報共有について
本人の同意を得たケースが対象

本人同意のもとに支援のためのプランを作成し、支援の取組みの進捗を評価したり、不足する社会資源の開発を検討

7　多機関協働事業における役割分担

　7つの実施地区のうち、5つの地区で社協が「多機関協働事業」を受託しているが、受託している地区でも庁内の関係所管課や地域の関係機関との調整は自治体が担うなど、社協と自治体でそれぞれの強みを活かした役割分担しながらの事業展開となっている。一方、受託していない社協においても、関係する会議には地域福祉コーディネーター等が出席するなど、受託の有無にかかわらず一定の役割をもって社協が関わっている。

　また、2つの地区で「相談支援包括化推進員」を自治体と社協の双方に配置している。緊急性や介入の必要性が高いケースは自治体の相談支援包括化推進員が中心に対応し、地域とのつながりが必要なケースは主に社協の相談支援包括化推進員が対応するなどの役割分担が行われているが、両者の情報交換など、緊密な連携が重要になっている。

	自治体直営	相談支援包括化推進員を 自治体と社協の双方に配置	社協受託
基本的に1カ所で実施	**墨田区** 支援会議を毎月1回開催。区が主催する支援会議および重層的支援会議に社協 CSW（統括リーダー）が出席し、重層的支援会議の支援プラン原案を作成。	**立川市** 社協に相談支援包括化推進員を2名配置し、市地域福祉課の相談支援包括化推進員と連携・協働して複合的な課題のある相談を「支援会議」「重層的支援会議」につなぐ。また、相談支援包括化推進員が地域ケア会議等の既存のネットワーク会議に参加し、分野間の連携強化を働きかける。	**世田谷区** 社協が受託するぷらっとホーム世田谷とメルクマールせたがやが連携して「ひきこもり相談窓口」を運営し、重層的支援会議を開催する等、各関係機関と協働してひきこもり支援を実施している。
		狛江市 制度の狭間の課題・複合的な課題を抱えるケースを対象に、市の福祉相談課相談支援係長と社協の CSW3名が「相談支援包括化推進員」を兼務し、支援プランの作成と重層的支援会議の運営を担う。	**八王子市** 各相談支援機関等から社協がケース調整依頼を受け付け、検討に必要な情報収集と調整を行い、必要に応じて市へ支援会議の開催を要請し、支援プランを作成する。
拠点ごとに実施	**中野区** 区がすこやか福祉センター（4圏域）を中心に地域ケア会議として「支援会議」「重層的支援会議」「（中野区独自の）連携会議」を実施する。ひきこもり支援事業を受託する社協は重層的支援会議に参加し、プランの作成や支援に協力する。		**西東京市** 地域福祉コーディネーター事業に付加して社協が受託。地域福祉コーディネーターは相談の受付、アセスメント、支援会議への参加、重層的支援会議の開催、支援プランの作成を担う。支援プランの決定は市が行う。

8　アウトリーチ等支援事業、参加支援事業等における特徴的な取組み

　アウトリーチ等支援事業は、継続的な関わりを作っていくための事業ではあるが、重層的支援会議で支援プランの方向性が定まってから始まるのではなく、相談支援の段階からアウトリーチを重ねて信頼関係を作ることにむしろ活用されている。

　参加支援事業は、既存の居場所を活性化していくとともに、一人ひとりに応じたオーダーメイドの居場所づくりも重要になる。受け手や利用者としての居場所への参加ではなく、本人の強みを活かした地域における活躍の場としての参加支援に向けた取組みが必要となっている。また、参加支援はその人なりのペースも大切で、事業の実績のカウントにあたっては柔軟な考え方を自治体と確認していく必要がある。

（1）アウトリーチ等を通じた継続的支援

墨田区
社協が受託。複雑化・複合化した課題を抱えている方の自宅を訪問し、面談を行うなど適切な支援を届ける。本人と直接かつ継続的に関わるための信頼関係の構築や、つながりづくりに力点を置いた支援を行う。

立川市
市の地域福祉課に2名のアウトリーチ専門員を配置。相談支援包括化推進員や地域福祉コーディネーターと随時連携しながら取組みをすすめる。

狛江市
長期にわたりひきこもりの状態にある方へのパーソナルサポート事業を次期計画に向けた調査研究課題とする。

※世田谷区では、アウトリーチ等を通じた継続的支援事業を「メルクマールせたがや」、参加支援事業を発達凸凹の特性のある当事者のピアサポーターによる「みつけばハウス」が受託。

（2）参加支援

墨田区
社協が受託。「地域福祉プラットフォーム」を拠点として、配置されたCSW が関係機関と連携して支援を行う。

中野区
社協が受託。「福祉何でも相談」の取組みを活かし、ひきこもり支援事業として、相談窓口の設置、情報発信、アウトリーチを通じた継続的な支援、居場所づくり・家族への支援、ネットワークづくりに取り組む。

八王子市
社協が受託。オーダーメイドの居場所活動の創出をめざす。

立川市
社協が受託。28 法人が参加する社会福祉法人のネットワークを通じて、各法人・事業所の特性を活かした参加支援の場づくりを検討。

狛江市
社会福祉士会が受託する生活困窮者の相談窓口「こまYELL」の就労支援事業の対象を拡大して一体的に実施する。社協は連携先として協力。

（3）地域づくりに向けた支援

墨田区
地域福祉プラットフォームを会場として、地域住民を対象に勉強会や活動者を育成するための研修会等を実施する。

中野区
社協が受託。コロナ禍における地域の居場所の休止や停滞をふまえた「区民による公益的な活動（地域の居場所提供型）の運営支援および立ち上げ支援事業」を実施する。

八王子市
ひきこもりや社会的孤立の課題について、市民フォーラムで啓発を実施。

立川市
住民主体の多機能型拠点として「地域福祉アンテナショップ」の各圏域における設置をめざしている。

狛江市
地域づくりの多様なプラットフォームの一つとして、市内の空き家を利用した多世代交流拠点の開設をめざす。

西東京市
地域福祉コーディネーターや既存の部署の地域づくり事業に関する取組みを整理し、地域における活動の活性化を促す。

9　民生・児童委員や住民活動に対して取組みを可視化

　複合化・複雑化した課題は、なかなか相談窓口につながりにくいものも少なくなく、地域福祉コーディネーターが社協内の他事業と連携したり、地域をよく知る民生・児童委員や住民活動と連携することで顕在化してくることも少なくない。重層的支援体制整備事業では複合化・複雑化した課題を支援に結び付けるため、ニーズキャッチをどのように強化していくかが重要であり、民生・児童委員や住民に取組みを可視化し、わかりやすいしくみで地域の気になる課題を寄せてもらえる取組みが必要となる。また、地域から孤立しがちな方への理解を広げ、参加支援や居場所づくりにおいて住民とともに取り組んでいくことが求められる。

　さらに、地域づくりに向けた支援として、地域を支える人材を育成し、地域活動を実践しつつ地域課題を知り、その解決に向けた住民主体の取組みをすすめていく取組みも重要となる。

10　社会福祉法人の地域公益活動と重層的支援体制整備事業

　重層的支援体制整備事業を通じて課題解決をすすめようとするケースは、複合的かつ複雑な課題のあるケースであり、一つの機関の専門性だけでは解決が難しい。もちろん社協の地域福祉コーディネーターだけでも解決は難しく、社会福祉法人の専門性やそのネットワーク活動による地域公益活動との連携も重要となる。そのため、重層的支援体制整備事業の実施にあたって、社会福祉法人の区市町村ネットワークで同事業について法人とともに学び合う機会を設けた社協もみられる。また、同ネットワークによる取組みの一つとして参加支援の場づくりを検討する取組みも始まっている。

　社会福祉法人の地域公益活動のネットワークには、それぞれの地域で重層的支援体制整備事業を活用して解決すべき課題は何かを検討したり、相談支援の間口を広げるような取組みも期待される。

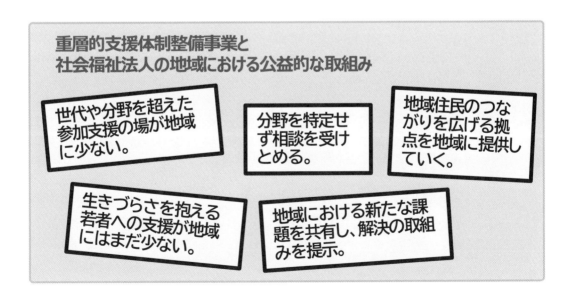

包括的相談支援を担う各拠点 CSW を増員するとともに、社協本体の支えあい推進課に多機関協働担当 CSW を専従配置

―八王子市社協における重層的支援体制整備事業の取組み

　八王子市は令和3年4月から改正社会福祉法に基づく重層的支援体制整備事業を実施しています。同事業は、地域住民の複合・複雑化した課題に対応する包括的な支援体制を整備するため、①相談支援、②参加支援、③地域づくりに向けた支援を一体的に実施するものです。八王子市では、社協の地域福祉推進拠点や地域の相談支援機関による「包括的相談支援事業」と「地域づくり事業」は既存の取組みをベースとしつつ、新たに「多機関協働事業」「アウトリーチを通じた継続的支援事業」「参加支援事業」を社協に委託しました。

　同事業を受託した八王子市社協では、平成26年度から設置をすすめてきた地域福祉推進拠点（現在の名称は「はちまるサポート」）9か所に16名のＣＳＷ（コミュニティーソーシャルワーカー）を配置するとともに、「多機関協働事業」を実施する4名のＣＳＷを支えあい推進課に置きました。厚生労働省は多機関協働事業に複数の設置パターンを提示していますが、八王子市では、地域の拠点に複数名のＣＳＷを配置して包括的相談支援機能を強化するとともに、その拠点ＣＳＷを後方支援しながら多機関協働事業を実施するＣＳＷをエリアではなく、社協本体の支えあい推進課に置く体制としました。そして、令和3年度に同事業がスタートし、拠点ＣＳＷや相談支援機関から複合的な課題をもつケースが多機関協働事業に寄せられ、各ケースの課題整理に取組み始めています。

　これまでの実施に向けた経過や取組みの状況について、八王子市社会福祉協議会支えあい推進課長の大島和彦さんと支えあい推進課主査の大和智史さんのお二人にお話をうかがいました。

　〔ヒアリング日：令和3年10月21日〕

八王子市社会福祉協議会　支えあい推進課
課長 大島和彦さん、主査 大和智史さん

八王子市の重層事業における各相談・支援機関の位置づけ
　八王子市では、既存取組みをベースに、新設された「多機関協働事業」「アウトリーチ等を通じた継続的支援事業」「参加支援事業」を社協に委託し、以下のとおり整理をしました。

■ 包括的相談支援事業
　・社協（拠点）※～ R2 補助事業 → R3 ～ 委託事業
　・既存の相談支援機関（高齢者あんしん相談センター (包括)、子ども家庭支援センター、若者総合相談センター、障害者地域生活支援拠点、保健所他）
■ 多機関協働事業
　・社協（包括的相談支援事業と連携）※新規
■ アウトリーチ等を通じた継続的支援事業 ※新規
　・社協
■ 参加支援事業 ※新規
　・社協
■ 地域づくり事業
　・社協
　・既存の各所管の事業
（生活支援体制整備事業、地域活動支援センター事業、地域子育て支援拠点事業、生活困窮者の共助の基盤づくり事業等）

I 地域福祉推進拠点と CSW のこれまで

（1）最初は CSW が拠点に出向く形から

　地域福祉推進拠点は、八王子市社協が平成 26 年度からの地域福祉推進計画「第 2 次いきいきプラン八王子」で高齢者あんしん相談センター（＝地域包括支援センター）の圏域ごとに開設していくことをめざした拠点です。当時の計画には「地域福祉推進拠点は、コミュニティソーシャルワーカー等による各種相談の場、地域福祉活動推進員との連携調整の場、町会・自治会、関係機関等の関係づくりの場（住民による福祉ネットワークづくりの場）として捉えるとともに、住民の活動拠点 - 福祉学習・懇談の場、コミュニティカフェ（常設型サロン）等の場、として捉えていきます。拠点の運営にあたっては、できるだけ地域の社会資源を活かし、その地域の人材や関係団体・組織・機関と連携し、コミュニティソーシャルワーカーが全体のコーディネートを行います」と記載しています。相談支援と住民のネットワーク活動の拠点としての機能が期待されました。令和 3 年 10 月現在で市内に 9 つの拠点が設置されるに到り、名称も 10 月からは「八王子まるごとサポートセンター（はちまるサポート）」となりました。将来的には日常生活圏域ごとに 21 か所の開設がめざされています。

　平成 26 年 12 月、市内で初めて開設した拠点は「地域福祉推進拠点　石川」でした。市民部事務所に併設されている市民集会所をもっと有効活用できないかという話もあり、広いスペースに市民が運営にかかわるコミュニティカフェを開設することができました。当時は、ボランティアセンターの職員 2 名が拠点に出向いて相談支援にあたっていました。

　一つ目の拠点で実績を作ってからの次の拠点づくりでは、地元と話し合いながらの調整に時間をかけ、平成 29 年 4 月に「地域福祉推進拠点　川口」を開設することができました。この時点で、拠点に配置する職員を「CSW」として専従にすることができました。以降は拠点に必ず 1 名の CSW を拠点に常駐する形で配置しています。

　また、平成 29 年度からは、CSW に加えてアシスタントを臨時雇員で各拠点に配置することで、人口が 10 万人に及ぶエリアで CSW が地域へ積極的に出かけていくことのでき

る体制を整えました。

　そして、その後は市民部事務所に限らず、より市民が訪れやすい市民センターも活用していくことになりました。拠点を開設する際、市民センターのどこのスペースを使わせてもらうか、市民センターを運営する住民協議会とも相談しながら設置をすすめてきました。

（2）国の地域共生モデル事業を活用しながら拠点を拡充

　平成30年度から市は、国の「地域共生社会の実現に向けた包括支援体制構築事業（＝モデル事業）」に取り組み始めました。平成30年3月に「地域福祉推進拠点　浅川」「地域福祉推進拠点　大和田」を開設し、モデル事業を活用しながら、同年10月には「地域福祉推進拠点　由井」、平成31年2月に「地域福祉推進拠点　由木」を開設しました。これにより6か所の拠点を開設するに到り、市内の「北部」「西部」「西南部」「中央」「東南部」「東部」の6圏域すべてにCSWを配置することができるようになりました。

　そして、「東部」「中央」圏域に2つめの拠点となる「地域福祉推進拠点　由木東」を令和元年6月に、「地域福祉推進拠点　台町」を令和2年3月に開設しました。さらに3年目の令和2年度には、「西部」圏域に2つめとなる「地域福祉推進拠点　恩方」を令和2年4月に開設し、拠点は9つとなりました。

　モデル事業では、地域にある相談機関が受け付けた相談に対してそれぞれの専門性を発揮しながら、関係する機関との調整を行い、問題の解決を図ることがめざされました。その相談機関とは、①高齢者あんしん相談センター、②成年後見あんしんサポートセンター、③消費生活センター、④障害者生活支援拠点、⑤保健所、⑥保健センター、⑦子ども家庭支援センター、⑧教育支援機関、⑨若者相談センター、⑩生活自立支援課、⑪男女共同参画センター、⑫居住支援協議会、⑬地域福祉推進拠点です。そして、市の計画では、各相談・支援機関が包括的な地域福祉ネットワーク会議等によって連携を行っていくことがめざされています。現在のところ、各拠点では一つひとつの相談を通じた関係機関との連携を深めています。

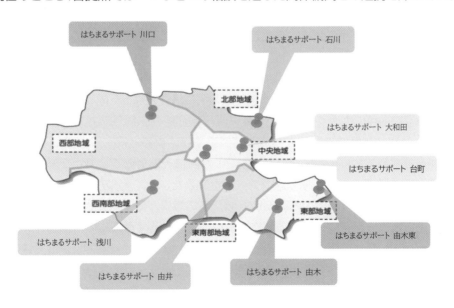

こうして設置された地域福祉推進拠点では、令和2年度はコロナ禍で4～5月に拠点を閉めざるをえなかったものの、年間に 1,201 件の相談実績がありました。新規相談の受付件数 463 件のうち、39.3% は「高齢者に関する相談」です。その内容をみてみると、相談者は困りごとを抱えてはいるものの、どこに相談すればいいのかわからないといった相談が多くなっています。市民センター内の別の窓口を訪れた方からつながってくることもあり、分野や対象を限らない相談を CSW が受けとめています。こうした中、最近、増えてきているのは「貧困・引きこもり」（16.6%）、「その他」（22.5%）の相談です。八王子市では、生活困窮自立支援制度の自立相談支援機関を市が直営していますが、拠点CSWと市の生活自立支援課と連携するケースも多くなっています。

　拠点 CSW への相談には、次のような事例がみられます。例えば、①民生委員より連絡を受けて、疾病のため急激に身体状況が悪化して生きる気力が低下した 50 代の方のお宅にＣSWが同行訪問し、その後、根気よく関わりながら関わる人たちを少しずつ増やしていったケース、②子ども家庭支援センターからの案内で不登校の児童の母親が拠点ＣSWに相談し、児童が社協の主催する勉強教室でシニア世代の先生と接するとともに、勉強会以外の地域活動にも参加して前向きな気持ちが芽生えたケース、③近隣の方から拠点に相談に行くよう助言された独居高齢者からの話を丁寧に聞き、生活基盤を整えるとともに、近隣住民にも働きかけることで、近隣との会話も増えて元気になっていったケース、などがあります。

（3）拠点ＣSWを後方支援する統括主任ＣSW、さらには拠点 CSW の複数体制へ

　八王子市社協では「拠点 CSW」の人数を着実に増やしてきましたが、経験豊かな CSW ばかりを確保できません。そのため、拠点で CSW が受けとめた相談を後方支援するべく、令和2年度から支えあい推進課に「統括主任 CSW」を配置しました。担当エリアは持たず、個別支援は行わない CSW です。「拠点 CSW」を後方支援するだけではなく、地域の課題を全体で共有したり、次の拠点の立ち上げをすすめることも役割となります。エリアごとにCSW の配置がすすむ中、全域から拠点を後方支援する CSW が必要となったのです。

　また、平成 28 年度からは社協で生活支援体制整備事業を受託し、第2層の生活支援コーディネーターが6名配置されました。受託の当初は6名のうち1名は石川でＣSWを兼務し、残りの生活支援コーディネーターは拠点ではなく、支えあい推進課に席を置きました。その後、平成 30 年度に生活支援コーディネーターが 12 名に増員となった際、スペースの問題もあり、中心部から遠い拠点に生活支援コーディネーターを配置するようになりました。

　そして、令和3年度に重層的支援体制整備事業が始まると同じタイミングで、市の高齢福祉課から高齢者あんしん相談センターが 21 か所にできたので、生活支援コーディネーターを社協から高齢者あんしん相談センターへと移したいとの相談がありました。ちょうど、重層的支援体制整備事業で「拠点 CSW」の7名の増員が図られたところでした。そこで、従来の生活支援コーディネーターのうち、本人の希望で高齢者あんしん相談センターの生活支援コーディネーターに転籍した者もいましたが、多くの者は「拠点 CSW」となりました。そのため、幸いにも増員分を新規に補わずに、生活支援コーディネーターとしての経験のある CSW を配置することができました。

　令和３年度からは各拠点に CSW を２名とアシスタント１名の体制をとっています。CSW ２名のうち１名が正規職員で、もう１名は嘱託職員です。ともに相談支援は分担しながら、正規職員の CSW が拠点運営の事業計画を立案するなどの役割を担います。ただし、９つの拠点のうち、由井・台町拠点の２か所は拠点スペースの都合で CSW は１名ですが、その不足分は支えあい推進課にいる CSW や近隣拠点の CSW がカバーしています。重層的支援体制整備事業も始まり、今後、拠点ＣＳＷにはアウトリーチや継続的な関わりが求められてくることから、こうした複数体制はやはり重要といえます。

　このように、八王子市社協の CSW は、平成 26 年度の最初の拠点づくりに始まり、７年間で拠点に常駐するＣＳＷを複数体制にするに到るとともに、全域から拠点を後方支援するＣＳＷを配置するまでへと発展してきました。

拠点名	開設年・月	職員数（現在）		設置場所
石川	平成26年12月	CSW:2	アシスタント:1	石川事務所2階
川口	平成29年4月	CSW:2	アシスタント:1	川口事務所内
浅川	平成30年3月	CSW:2	アシスタント:1	浅川市民センター1階
大和田	平成30年3月	CSW:2	アシスタント:1	大和田市民センター1階
由井	平成30年10月	CSW:1	アシスタント:1	由井市民センター1階
由木	平成31年2月	CSW:2	アシスタント:1	由木中央市民センター1階
由木東	令和元年6月	CSW:2	アシスタント:1	由木東事務所1階
台町	令和2年3月	CSW:1	アシスタント:1	台町市民センター1階
恩方	令和2年4月	CSW:2	アシスタント:1	恩方事務所1階
多機関	令和3年4月	CSW:4		ボランティアセンター内

【参考資料】八王子市社協組織体制図　　　　　　　　（令和３年10月１日現在）

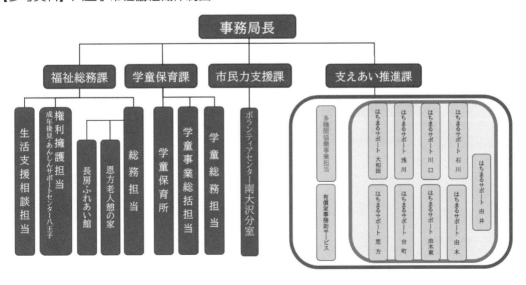

Ⅱ 重層的支援体制整備事業の実施に向けて

（1）財源を含めた庁内の共通理解づくり

国のモデル事業を３年間実施してきた八王子市は、令和３年度からの「重層的支援体制整備事業」の実施に手を挙げました。市の重層的支援体制整備事業の所管課は、社協を所管する福祉部福祉政策課です。市は、これまで市がすすめてきた施策と重層的支援体制整備事業を合わせることで、地域課題の解決がすすみ、地域共生社会の実現に向けた有効な取組みになると考えました。また、地域福祉推進拠点を中心に同事業を行うことが有効と考えたため、社協に委託する方向となり、令和２年度の６月以降に社協に相談がありました。市との協議は福祉政策課との間で行われ、社協からは事務局長と支えあい推進課長が出席し、市の予算編成に間に合うよう、体制や運営方法、予算等について論議を重ねました。

この事業は庁内でも多くの所管課が関係しています。そこで重要になってくるのが庁内の共通理解です。令和２年11月には市が厚生労働省の担当者を招き、市の関係所管課や社協、高齢者あんしん相談センターが参加する勉強会を開催しました。特に財源については、新たな機能（参加支援事業、アウトリーチ等を通じた継続的支援事業、多機関協働事業）と既存の事業を一体的に実施していくために、いったんは新たな機能の補助分と既存の財源が「重層的支援体制整備事業交付金」としてまとめられはするものの、既存事業の財源がそれによって削られる訳ではないという理解もすすみました。

なお、新たな機能を社協が受託することで、社協では前述のとおりアウトリーチ等を通じた継続的支援事業や参加支援事業を展開することになる拠点 CSW の非常勤７名分、多機関協働事業を担う CSW の常勤１名分、非常勤１名分を増員することができました。

（2）多機関協働事業は拠点ごとにではなく、社協の支えあい推進課に設置

厚生労働省は、資料『重層的支援体制整備事業における 各事業の支援フロー』の中で、多機関機能の整備パターン例を以下のような５つで示しています。多機関協働事業をどのようなパターンで設置すべきかになりますが、八王子市では、①のパターンを選びました。

包括的相談支援事業者・相談窓口業務との関係		想定される多機関協働事業としての機能・職員配置等
独立機関 （包括的相談支援事業者とは別の機関として設置）	① 相談窓口は持たずに、各調整・バックアップ機関として設置	・相談の受け止めなど直接的な支援業務は既存各分野の相談支援機関が担当。 ・多機関協働は、複雑化・複合化した事例に関する調整機能に特化し業務を行う。
	② 分野等を問わない一次相談窓口機能も含めた機関として設置	・多機関協働は、一次相談窓口や包括的支援事業者が受けた相談のうち、複雑化・複合化した事例に関する調整機能を果たす。 ※ 相談窓口は、相談の受け止めのみを行う場合や、各分野の支援対象とならない事案について、直接的な支援業務も行う場合も想定される。
既存機関併設 （包括的相談支援事業者に多機関協働の機能を付加）	③ 統合型（ワンストップ）相談窓口に設置	・多機関協働機能を担う専任職員を配置する場合や、各分野の相談事業を統括する職員に多機関協働の機能を持たせる場合などが考えられる。
	④ 包括的相談支援事業を実施するいずれかの機関に付加	・多機関協働機能を担う専任職員を配置する場合や、総合相談窓口として相談の受け止めの業務も行いつつ、調整業務も行う場合も想定される。
	⑤ 特定の機関ではなく、包括的相談支援事業を担う機関のそれぞれに、連携・調整機能を付加	・包括的相談支援事業を行う機関において、それぞれ連携担当職員を定め、当該職員を中心にして多機関協働の機能を担う。

　市との協議でも検討したポイントの一つです。6つの圏域ごとに多機関協働事業の会議体を作る案も検討しました。身近な地域で完結できる点では望ましい案ですが、この場合には、地域の相談支援機関の中で他の機関に対して役割を振る機関が必要となったり、圏域ごとの取組みに差が出てくることも想定されます。多機関協働事業は、重層的支援体制整備事業の中でも特にしっかりと構築していく必要があります。八王子市では、この部分を市として社協に担わせることとし、社協ボランティアセンターの支えあい推進課内に多機関協働事業の専従CSWを配置して実施する体制を選択しました。

　これによって、八王子市における多機関協働事業は、以下のように実施していく流れができました。

> 既存の相談支援機関である、地域包括支援センター、消費生活センター、子ども家庭支援センター、保健所などが『包括的相談事業者』となり、属性や世代を問わず包括的に相談を受けとめ、適切な相談支援事業者や各種支援機関とのネットワークで連携を図りながら支援を行う。

> 単独の相談支援事業者では解決が難しい、複雑化・複合化した課題については多機関協働事業者（社協）に課題のときほぐしや、各支援機関の役割分担などを依頼する。

> 多機関協働事業担当者は、相談者（要支援者）世帯の抱える課題について、世帯や関係機関に情報収集を行い、複雑化・複合化した課題をひとつの『世帯課題』として捉え、総合的な支援プランの構築を図る。

　※多機関協働事業者は要支援者から支援に同意を得られない場合でも必要に応じて八王子市に支援会議の
　　開催を要請し、関係者と支援方針について協議を行うことができる。

（3）マニュアルづくりを通じて、多機関協働事業にかけるケース例を整理

　八王子市では、令和3年3月に『重層的支援体制整備事業の実施について【マニュアル】』をまとめました。このマニュアルには、「各相談・支援機関が相談を受け付けた際の流れ」が盛り込まれており、そこでは、窓口の相談受付時に、以下の■相談内容欄を使用し、自らの所管以外の"潜在的な課題"がないかをチェックすることにしました。そのため、相談受付・申込票は、以下のように困りごとの内容を確認する様式となっています。

■相談内容

ご相談されたい内容に〇をおつけください。複数の場合は、全てに〇をし、一番お困りのことには◎をおつけください。					
◎	収入・生活費のこと	◎	家賃・ローンの支払いについて	◎	税金や公共料金等の支払いについて
◎	債務について	◎	資金の貸付について	◎	家計全般に関すること
◎	食べるものがない	◎	住まいについて	◎	仕事探し・就職について
◎	仕事上の不安やトラブル	◎	こころの問題に関すること		病気や健康
◎	介護に関すること	◎	子育てに関すること	◎	ひきこもり・不登校
◎	家族関係・人間関係	◎	地域との関係について	◎	DV・虐待について
◎	その他（				）
ご相談されたいことや配慮を希望されることを具体的に記入してください。				その困りごとはいつから始まりましたか（認識しました）か。	

多機関協働事業は、支援の方向性の整理を複数の所管で行い、それぞれの役割を明確にし、支援終了まで各所管が関わる意識づけができることがメリットの一つです。各相談・支援機関では、自らが受け付けた相談に「複雑化・複合化した課題があるか」を判断します。「ある」場合には多機関協働事業へ、「ない」場合には各支援機関で対応を行うことになります。

八王子市では、この判断を各相談・支援機関ができるよう、各所管からこれまでに扱った「複雑化・複合化した課題がある」と思われる対応事例を集め、それを次表の①から④の4つに分類しました。主訴が明確になっているか、対応した機関が対応できるか、また、本人以外からの相談であるかなどが分類のポイントとなります。

主に②以下が多機関協働事業の対象となると考えられます。実際には③④の事例、特に③が多いと考えられ、こうした整理を通じて、多機関協働の機能を確認していきました。

■多機関協働事業にかける事例について

①	相談を受け付け支援を実施したが、その支援にあたっては他の所管も関わって実施することとなった。	相談者の主訴も明確であり、一つの機関では対応しきれないものの、複数の所管の協力を得て解決に結び付く。既存のフローで対応が可能な案件は、解決感へのスピードをなくさないようにする必要もある。	多機関協働事業にかける必要性は少ない。
②	相談を受け付け支援を実施したが、その支援にあたっては関わるべき所管が複数あり、その責任範囲が明確にならないまま進んでしまった。	主訴が多岐にわたったり、不明確であるなど、相談を受け付けた所管以外も含めての対応が必要だったが、協力して進められなかったケース。結果的に解決に結びつけることができたが、関連する所管の関わり方が整理できなかった。	多機関協働事業にかけることも可能と考える。
③	相談を受け付け支援を始めることになったが、相談者本人のみの問題だけではなく世帯の問題も含まれ、複数の所管で対応することとなった。	相談者からの主訴をもとに調査を行ったところ、解決の方向性が世帯の再構築であったようなケースで、複数の所管で対応を行う必要があった事例。問題解決に向けて複合的な課題が絡み合っていることから関係所管が集まり解決に向けて検討する必要がある。	多機関協働事業にかける事例と考える。
④	相談を受け付けたが、そもそも相談事案に対応できる所管がなく、複数所管で対応することとなった。（制度の狭間案件など）	ごみ屋敷やひきこもりなど本人以外の者からの相談ケースであり、またその対応をできる所管も明確でなかったケース。そもそも主担当が不明確であり、複数の所管が支援に向けどのように関われるかについて整理する必要もある。	多機関協働事業にかける事例と考える。

（4）守秘義務をかけた「支援会議」は、市が行政として主催することに

多機関協働事業による相談受付が決まった場合、本人は多機関協働事業への利用申込を行うことになります。本人同意による支援を前提としたしくみだからです。そして、関係機関との情報共有にかかる本人同意を得たケースについて、当該ケースのプランを共有したり、プランの適切性を協議する会議として、重層的支援体制整備事業では「重層的支援会議」が規定されています。一方、地域では関係機関等がそれぞれ把握していながらも支援が届いていないケースについて、潜在的な相談者として支援を届けるため、支援の方策を本人同意の

ない場合にも検討することが必要となってきます。そのため、改正社会福祉法第106条の
6では、会議の構成員に守秘義務をかけた「支援会議」を法定化しました。生活困窮者自立
支援制度でも、本人同意を必要とする「支援調整会議」とともに、本人同意を必要としない「支
援会議」が法定化されていますが、より複合的な課題に対応していくためのしくみとして設
けられたものです。

　八王子市では、多機関協働事業の支援フローを作るにあたって、本人同意を必要とする「重
層的支援会議」は八王子市社協が多機関協働事業者として主催しますが、守秘義務をかけた
「支援会議」については八王子市福祉部福祉政策課が行政として主催するしくみとしました。
この「支援会議」は庁内の関係機関との調整の必要な会議であり、行政が主催した方が関係
機関の確実な参加が得られ、法に基づく守秘義務も順守できることが想定されるからです。
実際には、どの機関に参加してもらうべきかなどは社協と福祉政策課で相談しながらすすめ
ています。複雑化・複合化した課題のあるケースが本人以外からの相談で入り、いったんは「支
援会議」で受けとめてアプローチを検討し、丁寧な関わりを経て本人同意が得られるように
なり、「重層的支援会議」に移行していく、そうした流れも考えられます。

　こうしたことから、以下のような相談フローができあがりました。

■多機関協働事業　相談フロー図

Ⅲ　重層的支援体制整備事業の実施状況

（1）補助事業から委託事業に変化

　令和3年度に重層的支援体制整備事業が始まったことによる変化の一つは、地域福祉推
進拠点が令和2年度までは「補助事業」であったのが、「委託事業」に変わった点です。拠
点に制度の裏付けができ、今後は市として設置していくことが期待されます。また、市の委
託事業であることによって、他の相談支援機関との連携がしやすくなりました。

八王子市の場合は、委託契約の仕様書もマニュアルで整理した事業内容までが記載されており、委託事業になったことで細かく制約されることはありませんでした。実績報告も現在のところ、国の様式に基づく報告のみでそれ以上に細かい報告は求められていません。従来からの取組みの流れを尊重した委託の内容となっています。

また、事業の実施に伴い、行政の各所管課や関係機関、市民に同事業を実施する社協の認知度が上がりました。

（2）多機関協働事業は、まずは本人同意がまだない「支援会議」によるケースから

相談・支援機関の多くは、すでにこれまではどこにもつなげられていないケースを何らか有しています。ケアマネジャーもそういったケースを抱えているはずです。事業の開始にあたり、関係機関に事業の概要を説明しましたが、まずは様子見で、いきなり多くのケースが殺到することはありませんでした。

令和３年９月現在の半年間で、多機関協働事業で取り扱ったケースは６ケースです。そのうちの２ケースで守秘義務のかかる「支援会議」として開かれました。ひきこもりの状態にある方への支援、高齢福祉と障害福祉にまたがるケースです。他の４ケースは、各支援機関と個別に調整を実施しています。６ケースの内訳は、拠点CSWから寄せられたケースが４件、地域包括支援センターから寄せられたケースが２件で、いずれも本人同意が得られない段階のケースです。ケースの傾向としては、本人の家族や支援者からの相談が多く、ゴミの問題から訪問すると世帯全員にそれぞれの課題があったケースなどとなっています。出席した関係機関はそれぞれのケースで10名程度。連携した機関は地域包括支援センター、自立相談支援機関、民生児童委員、障害福祉施設・事業所、障害福祉課、保健所、病院、若者サポートセンター、子ども家庭支援センター、ゴミ減量課などとなっています。

社協としても、これまでは個人情報の取り扱いが可能な会議体を開く方法がありませんでしたが、市が主催する支援会議を活用することで、必要な情報を把握することができるようになりました。支援会議があることで、支援を拒否している要支援者へのアウトリーチを実施する前に、関係機関から必要となる情報を得ておくことができるようになります。また、関係形成後の支援方針をあらかじめ関係機関と確認しておけるメリットもあります。

今後、各機関にとって、自らが実施する事業の対象外の課題を含む困難ケースを抱え込まずに調整を依頼することができるようになってくると考えられます。また、各支援機関が包括的に相談を受けとめる意識を高めることで、要支援者の早期発見につながることが期待できます。

（3）アウトリーチのノウハウを高め、ソーシャルワークを地道に展開していく

相談を受け付けた各機関がそれぞれの専門性に依ったアセスメントでは見えてこなかったアプローチが多機関協働の視点では出てくることもあると考えられます。まずは、これまでは各機関で支援が前にすすまなかったケースを支援会議に出すことで、多機関協働の必要性が少しずつ実感されることが期待されます。一方で、ＣＳＷのスキルとして、「課題を認

識していない」「支援を必要としない（＝支援拒否）」要支援者に対するアウトリーチのノウハウを高めていく必要があります。また、早期発見や対応のためには、潜在的な要支援者の新規掘り起こしも必要になってくると考えられます。

　現在、CSW 定例会を月に2回開催して情報共有に努めるとともに、外部研修に参加してもらうなど人材育成にも力を入れています。大学教授に研修アドバイザーとなってもらい、CSW の1年間の取組みの個別面談もお願いしていますが、さらなるスキルの向上が必要です。やはり、ソーシャルワークを地道に展開していくスキルが最も重要と思われます。

　また、市内には分野ごとの福祉施設・事業所のネットワークができあがっていますが、分野を超えたネットワークを拠点ごとのエリアに作っていくことも今後の課題の一つです。

（4）参加支援の場と住民理解で生きづらさを許容できる地域づくりに向けて

　重層的支援体制整備事業に取り組み始めることと合わせて生活支援コーディネーターを社協から高齢者あんしん相談センターへと移しましたが、今後、社協の CSW としてどのような地域づくりを展開していくかが問われます。高齢者や子育て世帯に限らない、特に学齢期から65歳未満の層における居場所が十分にありません。例えば、農福連携を視野にした世代・対象を限定しない居場所づくりもすすめ、参加支援のメニューをオーダーメイドで作り上げていく取組みがめざしたい地域づくりになります。

　生きづらさを許容できる地域づくりには、やはり住民理解を高めていくことが必要です。地域共生社会の主体である住民とともに、これまでの地域福祉推進拠点における取組みが重層的支援体制整備事業を通じて発展していくことが期待されます。

地区ごとの包括的相談支援「福祉の相談窓口」と ひきこもり支援に特化した多機関協働事業

—世田谷区社協における 重層的支援体制整備事業の取組み

　　令和3年度から改正社会福祉法に基づく重層的支援体制整備事業が始まり、世田谷区では、ひきこもり支援の相談体制の整備を進めています。令和4年4月から実施予定の「ひきこもり相談窓口（仮称）」は、社会福祉協議会が受託している「ぷらっとホーム世田谷（世田谷区生活困窮者自立相談支援センター）」と若者総合支援センター「メルクマールせたがや」が窓口を担い、就労支援機関「せたがや若者サポートステーション」が同じ建物内に入り、3者を中心とした多機関協働により、ひきこもり支援にあたることを目指しています。

　　また、世田谷区では、地域包括ケアの地区展開として、平成26年度からのモデル事業を経て、平成28年度から区内28地区に設置されている拠点「まちづくりセンター」内で、まちづくりセンター、あんしんすこやかセンター（地域包括支援センター）、社会福祉協議会の3者が連携して相談に対応する体制を築いてきました。

　　まちづくりセンターに設置されている「福祉の相談窓口」では、前述の3者が一体となって相談に対応しています。課題を共有しやすくなり、各々が得意な役割を分担して連携することで、解決に向けた取組みを進めやすくなりました。「福祉の相談窓口」は、重層的支援体制整備事業における包括的相談支援に位置づけて継続して実施しています。

　　これまでの実施に向けた経過や取組みの状況について、世田谷区社会福祉協議会地域社協課長の金安博明さん、地域社協課調整係長の尾﨑一美さん、自立生活支援課長の田邉仁重さん、生活困窮者自立相談支援センター係長の江口卓さんの4人にお話をうかがいました。

　〔ヒアリング日：令和3年12月13日〕

左から、世田谷区社会福祉協議会
地域社協課長　金安博明さん、
自立生活支援課長　田邉仁重さん、
地域社協課調整係長　尾崎一美さん、
生活困窮者自立相談支援センター係長　江口卓さん

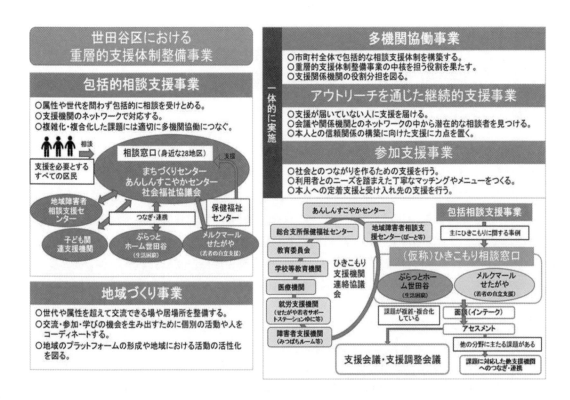

I 世田谷区の包括的支援体制に向けた取組み

（1）3者が連携した「福祉の相談窓口」

　世田谷区は、面積も広く人口も多いため、行政組織は3層構造になっています。本庁組織のもとに5地域の総合支所があり、さらに総合支所のもとに全部で28地区の「まちづくりセンター」があります。このまちづくりセンター内に、地域包括ケアの地区展開を目指して設置されたのが「福祉の相談窓口」です。平成26年度に区の地域資源開発事業（補助事業）のモデル実施として1地区（砧地区）で始まり、27年度に委託事業として5地区でモデル実施された後、28年度に全27地区（現在の地区数は28地区）に設置されました。まちづくりセンター、あんしんすこやかセンター（地域包括支援センター）、社会福祉協議会（社協事務局）の3者がまちづくりセンター内に配置され、3者連携して一体的に相談支援を行う体制となっています。世田谷区は、28年度から、国のモデル事業（「我が事・丸ごと」の地域づくり推進事業→地域共生社会の実現に向けた包括的支援体制構築事業）に取り組んでいます。

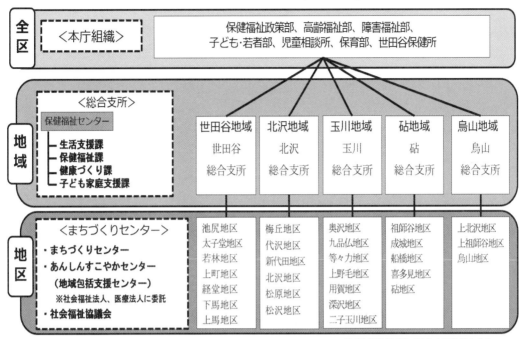

■世田谷区の行政組織（3層構造）

※保健福祉領域に関する組織等を抜粋

　「福祉の相談窓口」では、寄せられた相談に対して、3者が役割を分担して支援にあたります。例えば、ある課題をもっている方々の居場所をつくる際には、場所の確保はまちづくりセンター、対象になる方たちに声をかけるのはあんしんすこやかセンター、居場所の内容の企画は社会福祉協議会が担い、社協の地区担当職員は、地区社協と一緒に生活支援体制整備事業の協議体で企画を考えます。3者が1つの窓口に机を並べて相談にあたることで、相談者の利便性の向上はもとより、課題を共有しやすくなり、連携して解決に取り組めるようになりました。まちづくりセンター所長がチーフとなって、3者連携会議も開かれています。

（2）社会福祉協議会の体制と地域づくりの取組み

　世田谷区社会福祉協議会では、福祉の相談窓口が設置される前から、地区担当職員を中心に地域の相談を受けて支援を実施してきましたが、地域住民から見ると、社会福祉協議会へのアクセシビリティには課題がありました。まちづくりセンターという住民の身近な圏域にある拠点に地区担当職員が出向いていることで、住民が社会福祉協議会に相談しやすくなったことは、福祉の相談窓口を設置したメリットの1つだと言います。

　世田谷区社会福祉協議会は、行政の総合支所単位の5地域に地域社協事務所を設置しています。そこに、各地区まちづくりセンターにて業務にあたる地区担当職員が配置されています。人数は全28地区・各地区2名ずつで、2名の内訳は常勤の地区担当職員と非常勤の地域福祉支援員がペアとなり、どちらかが地域社協事務所に出ているときに、もう一人はまちづくりセンター窓口で対応するという体制をとっています。5つの地域社協事務所には

地区を担当する職員のほかに、所長とあんしん事業（地域福祉権利擁護事業）の専門員1名、ファミリーサポートセンターのアドバイザー1名が配置されています。また、社協本部の地域社協課には調整係が置かれ、地域社協事務所業務の調整、統括を行っています。地域社協課は本部の調整係と地域社協事務所5か所の計6係の構成になっています。

■世田谷区社会福祉協議会の組織体制

圏域	6課（常勤/非常勤）	事業所（13係）	主な事業
全区	総務課 17名(14名/3名)	○総務係	・理事会 ・評議員会 ・社協会費 ・フードドライブ ・地域福祉推進大会
		○経営係	・人事 ・経理 ・電算
	権利擁護支援課 23名(8名/15名)	●成年後見センター「えみい」	・あんしん事業 ・成年後見制度の利用支援 ・あんしん法律相談 ・申し立て手続き説明会 ・区民成年後見人養成及び支援
	自立生活支援課 25名(10名/15名)	●ぷらっとホーム世田谷	・生活困窮者自立相談支援 ・就労相談支援 ・家計相談支援 ・住居確保給付金 ・受験生チャレンジ支援貸付 ・生活福祉資金貸付
	地域福祉課 15名(7名/8名)	●世田谷区ファミリーサポートセンター	・ファミリーサポートセンター事業
		○日常生活支援係	・ふれあいサービス事業 ・日常生活支援総合事業（支えあいサービス） ・福祉喫茶運営「YOU・遊」「桜ん房」「どんぐり」
	連携推進課 5名(4名/1名)	●連携推進係	・中期事業計画 ・世田谷地域公益活動協議会 ・住民活動計画
		○調整係	・地域福祉コーディネート推進事業 ・地区サポーター ・災害対策 ・CSW研修 ・第1層協議体（事務局）・子ども食堂支援 ・地域支えあい活動支援 ・世田谷区共同募金配分推せん委員会（事務局） ・歳末たすけあい・地域支えあい募金 ・生活サポートNPO等協議会（事務局） ・せたがやはいかいSOSネットワーク ・（新）高齢者の居場所など
地域 地区	地域社協課 83名 (38名/45名)	●世田谷地域社協事務所 （7地区） ●北沢地域社協事務所 （6地区） ●玉川地域社協事務所 （7地区） ●砧地域社協事務所 （5地区） ●烏山地域社協事務所 （3地区）	**地区担当職員の主な業務** ○地域資源開発事業【生活支援体制整備事業・地域力強化推進事業等】 　区まちづくりセンター内に【社協地区事務局】設置と職員配置 ○地区社会福祉協議会支援（29地区）※下馬地区は2地区社協のため ○地域支えあい活動 ふれあい・いきいきサロン（子育てサロン） 　支えあいミニデイ、子ども食堂支援事業 ○ふれあいサービス事業 有償ボランティアによる家事支援等

〈地区担当職員の配置について…世田谷区地域社協事務所の例〉
世田谷区地域社協事務所（3層の行政組織の中間「地域」単位にある5つの地域社協事務所の1つ）に地区担当職員を各地区（7地区）2名ずつ配置（常勤の地区担当職員と非常勤の地域福祉支援員）。地区担当職員は地域下にある7地区のまちづくりセンターで3者（まちづくりセンター、あんしんすこやかセンター、社協）による相談窓口を担う。地区担当職員は生活支援コーディネーター。

地区担当職員は生活支援体制整備事業の第2層生活支援コーディネーターです。世田谷区社協には地域福祉コーディネーターとして配置されている職員はいませんが、生活支援コーディネーターが、高齢分野に関わらず、分野を横断した課題に対応し、コミュニティソーシャルワーク機能を発揮しています。地区社協の運営支援も行いながら、住民とともに地域づくりを進めており、「ふれあい・いきいきサロン」や「支えあいミニデイ」、「子ども食堂」などの取組みも広がっています。

世田谷区社協には、地域社協課のほかに、ファミリーサポートセンターやふれあいサービス（有償家事援助サービス）、支えあいサービス（高齢者の家事の困りごとをお手伝いするサービス）、福祉喫茶の運営などを行っている地域福祉課があります。例えば、ふれあいサービスについては、実際のマッチングは地区担当職員が行い、身近な圏域での支えあいの視点や個別支援に重点を置いて展開しています。なお、事業の所管は地域福祉課が担っています。

社協内連携を担っているのは連携推進課です。社会福祉法人の地域公益活動の取組みも

実施しており、現在は、コロナ禍で課題になっている食支援にも取り組んでいます。

　また、社協では、成年後見センター「えみぃ」やぷらっとホーム世田谷（世田谷区生活困窮者自立相談支援センター）も受託しており、それらの部署と連携することにより、個別支援と地域支援の一体的な推進を目指しています。

　このように、世田谷区社協では、小地域福祉活動が盛んで住民との太いパイプがあり、地域ニーズの把握ができること、一方で個別支援を担う部署との連携による個別ニーズへの対応も可能である体制が整ってきていました。そうしたことから、包括的支援体制構築のための事業（地域資源開発事業）が社協に委託されたと考えています。

（3）3層の圏域における地域ケア会議

　世田谷区では、3層の圏域それぞれで地域ケア会議を開催しています。

①地区版地域ケア会議

　28地区単位の「地区版地域ケア会議（地区包括ケア会議）」は、あんしんすこやかセンターが開催します。通常のニーズに対応するための会議と対応困難なケースを扱う会議の2種類がありますが、社協の地区担当職員も参加しています。地区版地域ケア会議は、生活支援コーディネーターとしての具体的な議論の場になっています。

②地域版地域ケア会議

　5地域単位の「地域版地域ケア会議」も地区版と同様の形で開催され、地区では対応困難な課題について、地域で普遍化して対応するためのしくみを検討します。地区担当職員は地域版にも参加します。

③全区版地域ケア会議

　「全区版地域ケア会議」は世田谷区地域保健福祉審議会と同時開催されており、社協から出席するのは会長です。区内全域で課題になっているトピックスを取り扱いますが、令和2年度は「8050問題（ひきこもり）」がテーマになり、ひきこもり相談窓口をどのような形で取り組むのか等の検討が行われました。

■地域ケア会議　体系図

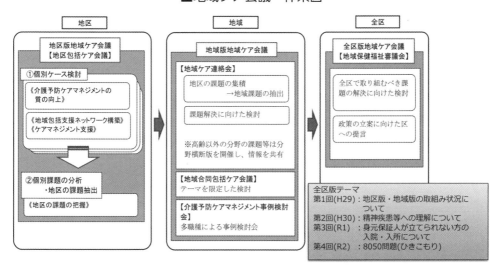

（1）ひきこもり相談窓口（仮称）の設置

　世田谷区では、全区レベルで課題になっているひきこもり支援に対応するため、令和3年度に「ひきこもり支援に係る基本方針」を策定し、重層的支援体制整備事業を活用した「ひきこもり相談窓口（仮称）」の設置を進めることになりました。現在、令和4年4月の開始を目指して準備中です。

　ひきこもりの相談は、さまざまな入口から入ってきます。地域の中で地区担当職員が発見したケース、あんしんすこやかセンターが高齢者の支援に入った世帯にひきこもりの家族がいたケース、区内5か所の地域障害者相談支援センターに寄せられた、障害は特定されていないが何らかの生きづらさを抱えているケース、さらに、経済的な問題を抱えており、ぷらっとホーム世田谷に相談が入るケースなど、多くの支援機関が窓口になっています。いずれも親、親族、支援者からの相談が多く、本人と会うまでには時間がかかるケースがほとんどです。そのため、最初にどの支援機関が入ってアプローチするのか、機関間の役割分担が不明確でした。また、複雑化・複合化しているものが多く、相談を受けた機関がどこにつなげばいいのかわかりにくいことも課題になっていました。そこで、ひきこもりの相談窓口を明確にするため、重層的支援体制整備事業の多機関協働事業として、ぷらっとホーム世田谷が各機関に寄せられた相談を整理するとともに、支援機関同士の連携を強化する役割を担うことになりました。また、アウトリーチを通じた継続的支援事業はメルクマールせたがやが実施し、ぷらっとホーム世田谷とともに相談窓口の運営を担います。

　ひきこもり相談窓口の運営のため、ぷらっとホーム世田谷には令和4年度から常勤職員2名が増員され、窓口での相談受付を行い、メルクマールせたがやと共にアセスメントと支援内容の検討、関係機関との調整を行います。現在は準備期間として、週に2日程度、メルクマールせたがやに配置された精神保健福祉士がぷらっとホーム世田谷に来て、一緒にケース対応を行いながら開設後の相談支援の準備に取り組んでいます。令和4年度からは、この2団体と就労支援機関の「せたがや若者サポートステーション」が同じ建物内に入ることで、より密に連携を取りながらひきこもりの支援をすることが期待されています。

（2）ひきこもり相談窓口における多機関協働事業

　ひきこもり相談窓口の運営が始まると、各支援機関でキャッチした相談は、ぷらっとホーム世田谷で受け付けます。その後、ぷらっとホーム世田谷とメルクマールせたがやが一緒にアセスメントを行い、支援プランを作成します。必要に応じて他の支援機関と連携を図り、支援会議等を開催し、支援体制を構築していきます。

　メルクマールせたがやは、これまで39歳までという年齢制限がありましたが、ひきこもり相談窓口開設と共に年齢制限を撤廃することになりました。心理職などが配置されており、医療的なアプローチを得意としていますので、専門的な支援はメルクマールせたがやが、生活課題の解決はぷらっとホーム世田谷が関わることになっています。また、その方を地域

の中で生活を支える体制については、ぷらっとホーム世田谷が、社協の地区担当職員と考えていくことになると考えています。

■ひきこもり支援の相談・支援イメージ図

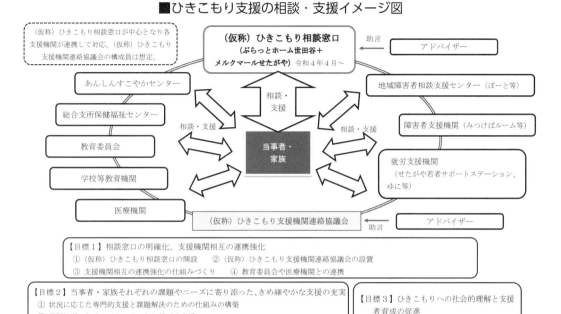

【目標1】相談窓口の明確化、支援機関相互の連携強化
① (仮称) ひきこもり相談窓口の開設　　② (仮称) ひきこもり支援機関連絡協議会の設置
③ 支援機関相互の連携強化の仕組みづくり　　④ 教育委員会や医療機関との連携

【目標2】当事者・家族それぞれの課題やニーズに寄り添った、きめ細やかな支援の充実
① 状況に応じた専門的支援と課題解決のための仕組みの構築
② 課題把握のためのアセスメントに基づく支援
③ 居場所の確保 (参加支援)
④ 社会との関係づくりの支援と必要に応じた就労支援
⑤ 当事者・家族会からのニーズ把握に基づく支援

【目標3】ひきこもりへの社会的理解と支援者育成の促進
① 当事者・家族への働きかけと地域での理解促進
② 支援者の育成とスーパーバイズ機能の整備

（3）ひきこもり支援機関連絡協議会（仮称）と支援会議

　ひきこもりの支援に関わる機関は「ひきこもり支援機関連絡協議会（仮称）」を構成します。想定されている支援機関は、ひきこもり相談窓口（ぷらっとホーム世田谷とメルクマールせたがや）のほか、あんしんすこやかセンター、保健福祉センター、地域障害者相談支援センター、障害者支援機関、就労支援機関、教育委員会、学校等教育機関、医療機関などです。連絡協議会はぷらっとホーム世田谷が主催する予定です。

　また、現在、ぷらっとホーム世田谷では、生活困窮者自立支援制度の会議体として、支援会議と支援調整会議を開催しています。支援調整会議は5地域ごとに月に1回ずつ、支援会議は必要があるときに開催することになっています。これまでは、生活困窮者自立支援制度の会議でひきこもりのケースを検討してきましたが、今後、ひきこもりについては別建てで、重層的支援体制整備事業の支援会議または重層的支援会議として開催することを想定しています。ぷらっとホーム世田谷が音頭を取り、メルクマールせたがやと調整しての開催になると考えられますが、これから、生活困窮者自立支援制度の会議との整理を行います。

（４）ひきこもり支援における社協内連携

　世田谷区社会福祉協議会には、ひきこもりの相談者を地域の生活者として支援をする地区担当職員の部署とぷらっとホーム世田谷や成年後見センター「えみぃ」、ファミリーサポートセンターなど、専門的に関わることのできる部署の両方があります。社協以外の機関との連携も大切ですが、社協内で連携できることが強みです。ぷらっとホーム世田谷に相談が入ったケースについて、地域に居場所ができてくれば、地区担当職員に引き継ぎ、ぷらっとホーム世田谷としての支援は終了します。地区担当職員から見ると、内部に専門分野に強い部署があることは、支援を検討する際に頼りになります。世田谷区社協では、重層的支援体制整備事業を活用することで、これまで実施してきた地区担当職員による支援と新たに始める「ひきこもり相談窓口」の支援をつなげて、さらに充実した体制を目指すことができるようになると考えています。

【世田谷区における重層的支援体制整備事業の５つの事業】

①包括的相談支援事業
　　●まちづくりセンターにおける福祉の相談窓口
　　●ぷらっとホーム世田谷等各支援機関の運営
②地域づくり事業
　　●社会福祉協議会の地区担当職員の取組み等
　　ぷらっとホーム世田谷でも、フードパントリー等の食の支援のしくみづくりに取り組んでいます。
③多機関協働事業
　　●「ひきこもり相談窓口」の運営
　　・相談受付、アセスメント、支援内容の検討、関係機関の調整
　　・ひきこもり支援機関連絡協議会や支援会議、重層的支援会議の開催
　　・精神保健福祉士や家計改善支援員の相談
　　家計改善支援は、生活困窮者自立支援制度の中で実施されてきましたが、コロナ禍で生活困窮世帯が掘り起こされたこともあり、今後利用が増すと考えられます。
④アウトリーチを通じた継続的支援事業
　　●メルクマールせたがやによるアウトリーチ
　　●日常生活支援アドバイザーの定期的な訪問と生活上のスキルの助言
　　アドバイザーは委託契約で、ケアマネジャーや介護指導員などの経歴をもった方にお願いしています。アドバイザーの支援は３か月程度が目途であり、継続的な支援が必要な場合は、介護保険や障害の総合支援のサービスにつなげることになります。
⑤参加支援事業
　　●若者サポートステーション等の就労支援機関の活用
　　●地区担当職員による本人のニーズに応じた参加支援メニューの開発とマッチング

<＜地区担当職員が関わったひきこもりの参加支援の例＞

◆本人の関心があることを聞いた地区担当職員が、「ちょっとできること」を地域で探しました。小学校の花壇づくりに参加したり、デイサービスの洗車を行ったりしました。

◆不登校の高校生の声が地区担当職員につながり、外には出られるというので、高齢者施設でのスマホ講座の手伝いを企画しています。

◆夕方からなら外に出られるというひきこもりの人に、夕方からの子ども食堂を手伝ってもらうことになりました。

◆民生委員さんが関わってスーパーでの買い物の仕方や新鮮な野菜の見方を教わりました。

（5）今後の課題

　「ひきこもり相談窓口」として同じ建物に集まった３団体は、よって立つ根拠法や成り立ちが異なるため、円滑な相談体制をどのように構築していくかが課題となります。また、若者サポートステーションで実施している就労支援事業は、厚生労働省の他事業であるため、生活困窮者自立支援事業と併用できないことも課題です。

　体制にも不安があります。今後、多くのひきこもりのケースの相談が「ひきこもり相談窓口」につながってくることが想定されますが、対応する職員として予算化されたのは常勤職員２名分です。あんしんすこやかセンターや地域障害者相談支援センターなど、ほかの支援機関もたくさんの相談を抱えている状態で、お互いに余裕がありません。社協の地区担当職員については、現在は人口に関係なく、どこの地区も常勤職員１名、非常勤職員１名の配置となっていますが、１万７千人の地区から６万３千人の地区まであり、人員体制のバランスが問題になっています。

　また、あわせて職員の意識向上や支援技術のレベルアップも望まれます。ひきこもりの人を地域で支える取組みそのものは、社協が得意とするところです。しかし、これまでやってきたことを続けていくだけではなく、オーダーメイドの支援ができるようセンスと資質の向上に努めていく必要があります。そのために、職員の育成には力を入れていきたいと言います。

　ひきこもり支援は解決までに年単位での長い関わりが必要です。支援を続ける中で、支援者やその組織の体制が変わることもあります。重層的支援体制整備事業を活用した、継続した支援が可能な体制づくりが求められています。

6つの圏域に地域福祉コーディネーターを複数配置し、市と社協に相談支援包括化推進員を配置するとともに、3つの重点対象者を設定

—立川市社協における重層的支援体制整備事業の取組み

　　立川市は令和4年度から重層的支援体制整備事業を実施しています。同事業の実施にあたって、市では①ポストコロナの生活困窮者、②ヤングケアラー、③ひきこもり、を令和4年度の重点対象者とし、制度の狭間や複雑化した相談の支援を強化しています。そのため、「相談支援包括化推進員」を社協に1名増員し、社協に2名、市の地域福祉課に1名の体制としました。分野を超えて専門機関と連携する「相談支援包括化推進員」は、各相談窓口からつながってきた複雑・複合化した課題について、支援会議・重層的支援会議を活用しながら支援を行います。また、市の地域福祉課には新たに「アウトリーチ専門員」が配置され、家から出られない方等との関係づくりを「相談支援包括化推進員」と連携して行い、関係づくりを土台に本人の意思とニーズにあった社会資源へとつないでいくなど伴走支援をめざします。

　　平成19年度から社協に配置している「地域福祉コーディネーター」は地域から寄せられた相談を受けとめ、ネットワークを活かした地域づくり、地域の課題に対応したしくみづくりに取り組んできました。令和4年度からは重層的支援体制整備事業の実施により社協に新たに6名が増員され、6つの圏域全て複数体制となりました。また、住民ニーズに沿った住民主体の多機能型拠点として「地域福祉アンテナショップ」の各圏域における設置がめざされており、「立川市社会福祉法人地域貢献活動推進ネットワーク」でも参加支援の場を地域に作っていく取組みを検討しています。

　　市の第4次地域福祉計画と社協の第5次地域福祉市民活動計画では、重点推進事項に「まるごと相談支援」「地域福祉コーディネーターの活動強化」「地域福祉アンテナショップの設置」を盛り込んでいます。その取組みをすすめる形で立川市の重層的支援体制整備事業が始まっています。

〔ヒアリング日：令和4年5月23日〕

立川市社会福祉協議会の皆さん※

■立川市の重層的支援体制整備事業の全体像

令和4年度重点対象者

ポストコロナの生活困窮者	社協の生活困窮者自立支援事業の「くらし・しごとサポートセンターで受けている相談について、市の生活福祉課と地域福祉課による「困窮相談振り分け会議」により、生活困窮者のうち複合課題のある相談を支援する。
ヤングケアラー	市の地域福祉課が相談窓口となり、年齢の区切りのない「ケアラー支援」という視点で情報や相談を受け、課題を整理していく。連携体制の構築とともに、周知方法を検討していく。
ひきこもり	市の地域福祉課が相談窓口となり、内容に応じて家族支援・本人へのアプローチ等を相談支援包括化推進員とアウトリーチ専門員で実施する。

事業展開の基本構想

(1) **相談支援**は既存の各分野（介護・高齢、障害、生活困窮、子ども・子育て）の窓口を継続して活かし、互いの連携・協働を強化。各分野での総合力を高める。

(2) 複合的課題があり、分野横断の支援が必要な場合は**多機関協働事業**に移行して調整。支援会議を経て、重層的支援会議において支援プランを決定し支援を実施。

(3) **相談支援包括化推進員**（多機関協働・まるごと相談支援）を市と社協に配置。

(4) **地域福祉コーディネーター**の活動強化（地域づくりに向けた支援を中心に、参加支援、相談支援を実施）

(5) **地域福祉アンテナショップ**の地域展開（住民主体の多機能拠点。地域福祉コーディネーターが協働し、参加支援、相談支援、地域づくりなどの機能を展開…）。

実施体制

	事業名	実施体制（主たる担当）
1	包括的相談支援事業	・既存の相談支援機関（生活困窮／子ども・子育て／障害／介護・高齢） ・社協の地域福祉コーディネーター（2名×6つの圏域） ※令和4年度から6名増、12名とも生活支援コーディネーターを兼務
2	多機関協働事業	・相談支援包括化推進員（市の地域福祉課に1名、社協に2名） ※令和4年度から社協に1名増
3	アウトリーチを通じた継続的支援事業	・アウトリーチ専門員（市に2名）※令和4年度から新規に配置
4	参加支援事業	・社協の地域福祉コーディネーター（再掲）
5	地域づくり事業	・社協の地域福祉コーディネーター（再掲）

Ⅰ　市の地域福祉計画と社協の地域福祉市民活動計画が連携

　立川市では、市の地域福祉計画と社協の地域福祉市民活動計画を同じ学識経験者が委員長を務める委員会で策定してきました。そのため、両計画のお互いの事務局である市の福祉総務課と社協の事務局でコミュニケーションをとりながら策定をすすめることができました。そして、「令和2年度〜6年度」と計画期間を同じくする『第4次立川市地域しあわせ・支え合いプラン（地域福祉計画）』と『第5次立川あいあいプラン21（地域福祉市民活動計画）』では、両計画とも同じ3つの重点推進事項（①地域福祉コーディネーターの活動強化、②身近な圏域で「まるごと」相談を受け止める体制づくり、③大小さまざまな多機能拠点（仮称）地域福祉アンテナショップの設置）を定めています。この3つは、国において「断らない相談支援」「参加支援」「地域づくり」の必要性が打ち出されたことに対応し、立川で取り組む方向性を整理してきたもので、これらを推し進めることが重層的支援体制整備事業の土台となっています。

■市の第4次地域福祉計画、社協の第5次地域福祉市民活動計画で掲げる重点推進事項

Ⅱ　地域福祉コーディネーターの活動強化

（1）地域福祉コーディネーターを6つの圏域全てに複数配置へ

　立川市社協では、平成19年度に都内で初めて地域福祉コーディネーターを配置しました。

その活動は、6つの圏域の一つの第4地区（栄町・若葉町）の地域包括支援センターに席を設けてのモデル配置で始まりました。地域包括支援センターに配属するのではなく、社協職員として各福祉圏域へ地域配属するものです。最初は東京都の「地域福祉推進区市町村包括補助事業」を財源とした配置でした。その後、平成22年度に第6地区（上砂町・一番町・西砂町）に2人目、平成25年度に第2地区（錦町・羽衣町）に3人目を配置しました。さらに、国の地域力強化推進事業のモデル事業にも取り組むようになり、平成27年度には残りの第1地区（富士見町・柴崎町）・第3地区（曙町・高松町・緑町）・第5地区（砂川町・柏町・幸町・泉町）に配置し、6つの圏域すべてに計6名が配置されるに至りました。

　そして、令和4年4月からは重層的支援体制整備事業を活用してさらに6名を増員し、6つの圏域全てで地域福祉コーディネーターを複数配置する体制を実現しています。12名は全て正規職員です。また、社協本部に配置している係長も地域福祉コーディネーターの経験のある職員を配置しています。この6つの圏域は、地域包括支援センターの日常生活圏域、地区民生委員・児童委員協議会の地区割と一致しています。

（2）地域福祉コーディネーターが大切にしてきていること

　令和2年度実績で全地区合わせた相談件数は3,051件。地域福祉コーディネーターは、「孤立のないまち」「住民が心配ごとの解決に参加できるまち」をめざし、活動に取り組んでいます。活動にあたって地域福祉コーディネーターが心がけているのは「相談が今このタイミングで寄せられていることに意味がある」と考え、「この人はどんな可能性を持っている人か？」といったできること探しに努め、また、一人で抱えずに、「とにかくどこかに持ちかけ」、「何がどうつながっていくか」を意識し、地域福祉コーディネーター自身が課題を解決するよりもむしろ、地域の活動につないでいくことを大切にしています。
　地域での「孤立」「孤独」を防ぐには、やはり人と人が出会う場や機会を作ることが必要です。そのために必要なのは、居場所であり出番であり、さらにはそういった場や機会を住民と一緒に作っていくことが大切になります。地域福祉コーディネーターは令和2年度実績で「地域懇談会」を全地区で372回開催。グループ支援では17グループの新規立ち上げを支援し、地域団体・関係機関とさまざまな協働事業に取り組んできました。そして、こうした活動実績を年度ごとの『地域福祉コーディネーター活動報告』で発信しています。
　また、コロナ禍にも多くの市民とともに活動を展開しました。例えば、市民、NPO、社協が協働し平成29年からフードバンク立川の活動をスタートしていますが、コロナ禍に

地域福祉コーディネーターが 活動にあたり意識していること
・「関係ない」相談はない
・この人はどんな可能性を持っている人？
・誰と一緒に、どこと一緒に取組めるかな？
・何がどうつながっていくかな？

はそれまでの活動の輪を通じて通常のフードドライブ（食品回収）に加えて地域の関係機関・団体からも持ち込まれ、前年度比で 2.1 倍の件数の個人・団体に配布することができました。特にコロナ禍は多くの地域活動やボランティア活動が休止する中で「地域で困っている人のために何かできないか」という相談が社協に寄せられました。それは「手作りマスクを福祉

施設に届けたい」「ひとり親家庭へ無料のお弁当を配布したい」といった市民の声があり、そこで、そうした新たな地域活動を市民が支えるための『新型コロナウイルス地域支援寄付金』を創設しました。同寄付金は令和2年5月以降、のべ500万円を超える寄付が集まり、それを原資にグループや団体への助成を行いました。そして、助成金を活用したグループ・団体の取組みを報告書にまとめて市民に知らせています。

さらに、「立川市社協動画チャンネル」では、地域福祉コーディネーターが地域の活動や拠点を取材した動画をYouTube で紹介しています。

前述の地域福祉コーディネーターの増員が実現したのは、地域福祉計画の策定委員会などでもスライドで可視化しながら示して評価につなげてきたことが背景にあります。また、地域包括支援センターに席がある地域福祉コーディネーターは、インフォーマルなつながりづくりにその力を発揮することで地域包括支援センターからも一定の評価を得てきました。

（3）地域福祉コーディネーターの配置に活用できる財源は何か？

重層的支援体制整備事業の実施に向けて、立川市では令和3年度から重層的支援体制整備事業の移行準備事業に取り組んできました。令和3年5月頃から市の福祉総務課、高齢福祉課、生活福祉課と社協の地域活動推進課、総合相談支援課、在宅支援事業課のメンバーで打ち合わせを重ねてきました。特に5～7月には予算策定や要望に向けて集中的に基本的な事業骨子を打ち合わせ、それ以降は月1回程度のペースで検討してきました。

地域福祉コーディネーターの配置財源に何が活用できるかは市と社協の間で共有をすすめてきました。重層的支援体制整備事業では、新たな機能（多機関協働、参加支援、アウトリーチを通じた継続的支援）を実施する補助基準額が人口規模別に定められています。他にも包括的相談支援事業や地域づくり事業の一部を地域福祉コーディネーターが担うことによる予算按分、生活困窮者自立支援事業の地域づくりに向けた支援事業、生活支援体制整備事

業における生活支援コーディネーターなどの活用が考えられます。立川市では地域福祉コーディネーターが重層的支援体制整備事業において地域づくりに向けた支援を中心に参加支援や相談支援を実施していく役割を担うことを位置づけてこれらの財源を活用しています。

　また、立川市社協では地域福祉コーディネーターとは別に、平成27年度から社協に設置している基幹型の地域包括支援センターに生活支援コーディネーターを配置していました。翌年にはもう1名を配置して、市の北部と南部をそれぞれ担当していました。これを重層的支援体制整備事業が始まってからは、財源を再構成して12名の地域福祉コーディネーター全員が生活支援コーディネーターを兼務する体制へと改めています。

　そして、重層的支援体制整備事業に移行することで従来、補助事業だった地域福祉コーディネーターの配置は市からの委託事業となりました。それによって日報や月報など帳票や記録の作成に時間がかかりすぎないようにしながらも実績を可視化していくことが課題です。

　地域福祉コーディネーターは日頃は配属された各圏域で活動していますが、月に2回、市の所管課と社協の担当課長・係長も交えた形で全員が集まり全体ミーティングを開き、各地域での相談事例や活動事例を共有しています。また、月に1回は、地域福祉コーディネーターだけでも集まり情報交換しています。さらに、年に1〜2回、地域福祉市民活動計画の策定委員会の委員長を務める学識経験者によるスーパービジョンの場も設けています。

Ⅲ　相談支援包括化推進員による「まるごと」相談支援

（1）市と社協のそれぞれに相談支援包括化推進員を配置

　立川市では、「相談支援包括化推進員」を令和2年度から社協に1名、令和3年度から市にも1名、さらに重層的支援体制整備事業がスタートした令和4年度からは新たに社協に1名を配置しています。また、令和4年度からは新たに市は地域福祉課を設け、これまで高齢福祉課にあった地域包括ケア推進係を移し、市の相談支援包括化推進員をここに配置しています。3名の相談支援包括化推進員は市と社協に分かれて配置されていますが、担うべき役割は同じです。そうした中で市の相談支援包括化推進員は庁内の連携、社協の相談支援包括化推進員は地域との連携にそれぞれの強みを発揮しています。

　相談支援包括化推進員は年齢別の縦割りの窓口では受け止めきれなかった制度の狭間の相談を受け、制度と制度をつなぐ支援を展開します。令和2年度の配置当初からの取組みでは8050問題、ひきこもりのケースといった対応を通じ、次のようなことがみえてきました。

①早期につながったケースの方が受援力は高く、受援力の有無は相談ケースの困難さにも比例する。いかに受援力を高められるか、相談窓口の周知や地域づくりが必要。

②相談の入口はいろいろで、徐々にさまざまな機関から相談が入り始める。見えづらい人に支援を届くようにすることが必要。

③どの世代の相談にも関われる機会は複数ある。早期に関わりが持てることで、その機会がつながるようにできる。

　相談支援包括化推進員は各相談機関に次のように投げかけます。「今までどおり、各制度における相談機関は、必要に応じ連携しながら支援を実施してください。『うまく連携がとれない』『世帯支援が困難』なケースの時には、相談支援包括化推進員に相談してください」。相談窓口のそれぞれの分野からはみ出してしまう相談があります。それらが既存の相談窓口にとどまってしまわないよう、早期に世帯としての総合的な支援につなげていくことが必要です。

　相談機関からつながってきたケースに対しては相談支援包括化推進員が訪問を繰り返し、関わりを作り、そして専門機関同士の連携を作ったり、新たに市に配置された「アウトリーチ専門員」による継続的な支援につなげていきます。また、参加支援や継続的な関わりには市民の協力が重要です。そのため、地域のインフォーマルな関わりが必要な場合には地域福祉コーディネーターの活動につなげます。

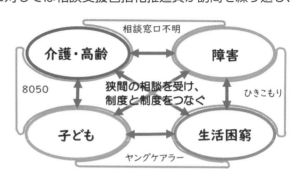

（2）重点対象者である「ひきこもり」「ヤングケアラー」の相談窓口を開設

　立川市では、重層的支援体制整備事業を活用し、令和4年度は特に「ポストコロナの生活困窮者」「ヤングケアラー」「ひきこもり」を重点対象者とした支援体制の構築をすすめることとしました。そのため、令和4年4月25日の市の『広報たちかわ』では、「ひきこもり」「ヤングケアラー」の相談窓口を市の地域福祉課地域包括ケア推進係に開設することを市民に伝えています。

　「ひきこもり」については、今まで相談窓口が明確でなく、民生児童委員やケアマネジャーから地域包括支援センターへ情報が入るものの、地域包括支援センターだけでは支援が困難なケースとなっていました。今後は身近な相談窓口として地域

福祉コーディネーターや相談支援包括化推進員につながることで、相談支援包括化推進員が世帯の課題を整理し、情報が不足する場合には改めてのアセスメントに努めます。さらに、アウトリーチ専門員が訪問し、家族や本人の話を複数回聞くことによって信頼関係を構築し、課題を整理していくこととなります。

　「ヤングケアラー」は、その呼称こそ目立ちますが、実際は「ケアラー」全体に共通する

課題を捉えていくことが必要で、相談支援包括化推進員による関わりは始まったばかりですが、関わりを作っていくことは大切であり、やはり複合化した課題を抱える世帯としてその課題を整理していくことが重要になってきます。ヤングケアラーの高校生たちの集まるある支援団体のオンラインサロンでは、「かわいそうな子ども扱いはされたくない」「相談窓口にはぜったいに行かない。どんな人がいるかわからないし、大ごとになりそう」「感情面のサポートは行政に相談してもどうにもならない。高校生同士で話せれば普通に話せる」「親のサポートもほしい」といった声が上がっています。ケアの負担を軽減して教育の機会を奪われないようにするだけでなく、自身のしているケアを評価しながら、求められている支援は何かをよく話を聴いて、関係をつくりながら一緒に考えていく必要がありそうです。

（3）顕在化している生活困窮世帯への対応・・・「困窮相談振り分け会議」

そして、もう一つの重点対象者は「ポストコロナの生活困窮者」です。立川市社協では、生活困窮者自立支援事業を受託しています。同事業を実施する社協の「くらし・しごとサポートセンター」では、自立相談支援事業、住居確保給付金、家計改善支援事業、就労支援事業、生活福祉資金、教育支援資金、受験生チャレンジ支援事業を実施しています。特にコロナ禍には生活福祉資金の特例貸付を通じて、外国籍の方々も含めて、これまではあまり相談に訪れていなかった方々が窓口に見えるようになりました。

こうしてコロナ禍に顕在化した生活困窮世帯には多様な世帯状況があります。そこで、特例貸付の借り受け世帯や住居確保給付金の受給世帯等のその後の状況の確認と必要な支援の検討を市の生活福祉課と地域福祉課、くらし・しごとサポートセンター、前述の相談支援包括化推進員で行うことにしました。そのため、令和4年度には「困窮相談振り分け会議」を新たに設置し、同会議を通じて重層的支援体制整備事業での対応が必要なケースを精査する取組みを始めました。

（4）立川市における多機関協働事業・・・「支援会議」「重層的支援会議」

各相談窓口だけでは対応が困難な相談は相談支援包括化推進員につながると、初期相談を受けた窓口を含めた多機関協働の場として「支援会議」と「重層的支援会議」の活用が考えられます。

重層的支援体制整備事業の実施に合わせて社会福祉法に新たに法定化された「支援会議」は、本人同意が得られる前の段階から守秘義務をかけて関係者が関わりや支援の方向性を検討することができます。同様に守秘義務をかけた会議には、生活困窮者自立支援法や介護保険法、児童福祉法にもそのしくみが従来からありますが、重層的支援体制整備事業の「支援会議」は分野や対象にとらわれずに開きやすいことがメリットとなります。立川市では、個別支援会議（ケース会議）の場としてこの「支援会議」を位置づけています。そして、「重層的支援会議」は、立川市では市の関連部署の課長による会議としました。本人同意のもとでの個別の支援のプランを評価・決定するとともに、そこから必要となる施策の検討にもつなげていこうとしています。

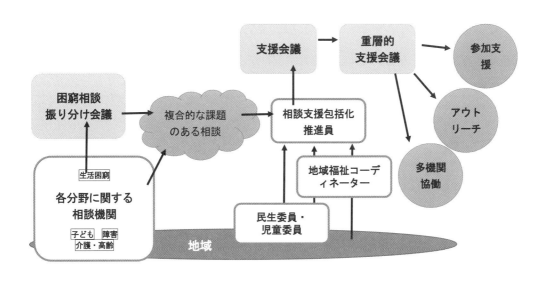

Ⅳ　地域福祉アンテナショップ」の設置と参加支援

（1）地域のつながりを広げる「地域福祉アンテナショップ」

　令和２年11月に市の地域福祉推進委員会と立川市社協が設置する第５次立川あいあいプラン21推進委員会の合同会議により、「多機能拠点（仮称）地域福祉アンテナショップの設置」に関する提言が行われました。これは参加支援の一つの場として検討してきたもので、「多様性を認め」「活気があり楽しく」「住民同士でほどよい関係性を築ける」「安心して住み続けられる」ことをめざしています。身近な場所で、ふらっと立ち寄れる、相談や交流、活動の場として、令和３年度に１か所、令和４年４月に１か所が開設されました。一番町の「にこにこサロン」は市営住宅の一角にあり、若葉町の「ＢＡＳＥ☆２９８」はＵＲ団地の肉屋（2・9・8）跡地に設けられた拠点です。

　地域住民の身近な居場所であり、地域のつながりを広げるためにも、住民ボランティアの存在は欠かせません。相談窓口を構えるというより、そこで過ごしている地域住民から自然と相談が入るようになり交流が生まれています。この地域福祉アンテナショップは、地域福祉コーディネーターがそこで受けた相談を各機関へつなぐとともに、地域住民自身が身近な相談員役として活躍していくこともめざしています。将来的には「全部型」〔＝基本的には毎日（週３日以上）、開設される拠点〕の地域福祉アンテナショップは、各圏域に一つずつの設置をめざしており、これには、運営費補助が市からも出る予定です。また、住民や法人が柔軟に開設する「協働型」のようなさまざまな形態による設置を同時に推進していくことを予定しています。

BASE☆298

（2）社会福祉法人のネットワークと参加支援の場づくり

　平成27年9月に立ち上げた「立川市社会福祉法人地域貢献活動推進ネットワーク（通称：ふくしネットたちかわ））は、立川市社協が事務局となり、28法人が参加する社会福祉法人の地域公益活動のネットワークです。同ネットワークでは、令和3年度を準備期間とし、4年度より「若者や障害のある方の就労を視野に入れた参加支援（職業体験・地域活動」に取り組んでいます。社会福祉法人が各法人・事業所の特性を活かしてどのような参加支援の場づくりに貢献できるか知恵を出しあっているところです。前述の地域福祉アンテナショップの場づくりへの参加も考えられそうです。また、社会福祉法人の取組みをモデルに企業やNPOの取組みへと広げていくことで、多様な参加支援の場を作っていくことが期待されます。

　　　＊　　　＊　　　＊　　　＊　　　＊　　　＊　　　＊

　このように、立川市の重層的支援体制整備事業では、「孤立のないまち」「住民が困りごとの解決に参加できるまち」の実現に向けてその取組みが始まっています。

【冒頭写真】
（後列左から）立川市社協地域活動推進課長 山本繁樹さん／地域福祉コーディネーター 吉田理恵さん／地域福祉コーディネーター 山中咲さん／事務局長 小林健司さん／地域づくり係係長 柳澤実さん／相談支援包括化推進員 正木健さん
（前列左から）　地域福祉コーディネーター 川村まな美さん／地域福祉コーディネーター 高橋美季さん／地域福祉コーディネーター 古川智子さん

事例4

全職員による地域担当の取組みと「福祉何でも相談」を活かして ひきこもり支援と地域の居場所応援窓口を実施

―中野区社協における 重層的支援体制整備事業の取組み

　中野区は令和4年度から重層的支援体制整備事業を実施しています。本事業の5つの事業のうち、中野区社協では、参加支援事業の「ひきこもり支援事業」と地域づくりに向けた「区民による公益的な活動（地域の居場所提供型）の運営支援および立ち上げ支援事業」の2事業を受託しています。

　中野区社協は、平成16年から社協全体で地域担当制をとってきました。区内15地域をそれぞれ担当する職員が、地域住民や関係機関と連携して、地域の課題解決に取り組んでいます。地域担当として職員が地域で知られるようになり、社協の名前も知ってもらえるようになりました。そうした中で、社協に個別相談が寄せられるようになり、平成27年から「福祉何でも相談」を実施しています。

　重層的支援体制整備事業としては、一部の事業のみを受託している中野区社協ですが、区に配置されているアウトリーチチームと連携して、これまで地域担当と「福祉何でも相談」を実施することで培ってきた地域との関係を活かし、複合化・複雑化した課題の解決に取り組んでいます。また、中野区内社会福祉法人等連絡会との協働事業も実施し、本事業の実施に必要な専門職とのつながりづくりにも力を入れています。

　これまでの実施に向けた経過や取組みの状況について、中野区福祉協議会事務局長の上村晃一さん、事務局次長の秋元健策さん、経営管理課長の小山奈美さん、あんしん生活支援課長の松本洋子さん、地域活動推進課長の黒木俊一郎さんの5人にお話をうかがいました。

〔ヒアリング日：令和4年7月1日〕

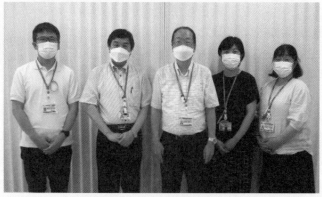

左から、中野区社会福祉協議会　地域活動推進課長　黒木俊一郎さん、事務局次長　秋元健策さん、事務局長　上村晃一さん、経営管理課長　小山奈美さん、あんしん生活支援課長　松本洋子さん

Ⅰ 中野区社協のこれまでの取組み

（1）地域担当制の実施

　中野区社協では、平成 16 年から地域担当制を始めました。部署や担当業務を問わず、社協全体で 15 の区民活動センター圏域それぞれを担当する職員を決めて、地域に出向いて関係づくりに努めてきました。町会・自治会、民生児童委員協議会の圏域も同じ 15 地域です。社協内の部署を異動しても、担当地域はできるだけ変えないようにしているので、10 数年同じ地域を担当している職員もいます。長く同じ地域を担当することで地域の人たちと顔なじみになり、地域から厚い信頼を得ています。地域担当のおかげで、中野区社協のことが地域で知られるようにもなりました。また、社協内の一体感も高まり、部署にかかわらず、全員が地域支援をするという意識をもって業務にあたっています。しかし、総務、生活福祉資金、権利擁護事業など、それぞれが担当している業務をこなしながら地域にも出向いているため、兼任の状態で負担は大きいです。15 地域はすこやか福祉センター（保健所）単位の４つの圏域に分けられますが、その圏域ごとに地域担当職員をフォローする体制も整えてきました。これまでは、４圏域には担当課長のみの配置でしたが、今年度から、重層的支援体制整備事業受託による職員の増配置もあり、課長補佐も配置できるようになりました。

（2）福祉何でも相談

　地域担当が地域に出向き、関係を築く中で、社協に個別の相談が寄せられるようになりました。地域担当は兼任の状態で地域支援を行っているため、個別の相談に対してアウトリーチしながら継続した対応をすることは難しく、個別支援を中心に行う担当が必要になりました。そこで、平成 27 年度から「福祉何でも相談」を地域活動推進課に設置することになりました。相談することのハードルを下げるために、窓口の名称を「福祉何でも」にしました。

「福祉何でも相談」の担当者は、担当地域は持たず、地域からあがってきた様々な困りごとに個別に対応し、地域担当と連携してそれぞれ必要な支援へとつなげています。必要に応じて、アウトリーチも行います。中野区社協では、ここに専任の地域福祉コーディネーターを配置しています。区からの予算はつかなかったため、これまで、専任の職員は社協の福祉基金による独自財源で配置してきました。さらに兼任の職員（地域活動推進課課長補佐）も配置し、現在、2名体制で相談を行っています。他にも、利用者への直接支援をする担当のあんしん生活支援課長、ほほえみサービス（有償家事援助サービス）事業の課長補佐も関わっています。

（3）中野区のアウトリーチチームとの連携

　中野区は平成29年度より保健師、福祉職、事務職員などの行政職員がアウトリーチチームを構成して、15の区民活動センター圏域でアウトリーチ活動をしています。アウトリーチチームは、生活支援体制整備事業の3層コーディネーターでもあります。社協の地域担当は、区のアウトリーチチームと連携して、同行訪問、情報共有、会議への出席などを行っています。令和3年度に区の構造改革により、アウトリーチチームと社協が役割分担をする話が出たこともありましたが、それぞれの強み弱みを整理して、役割は重ねつつも強みを活かしながら、地域の課題解決に取り組んでいくことになりました。そのために、令和3年度は区と社協の定例会議を3回開催し、協力体制を築いてきました。

■中野区・社会福祉協議会の地域福祉活動の現状（2020.12.14）より

中野区（アウトリーチチーム）の強み	社会福祉協議会（地域担当）の強み
・個人情報を把握しやすい ・多職種による連携（保健師・福祉職） ・地域包括との連携（個別相談支援につなげやすい） ・区民活動センター、高齢者会館など区施設の活用 ・町会・自治会とのパイプ（区活運営委員会含む） ・民生児童委員とのパイプ（高齢者訪問活動のフォロー） ・24時間緊急連絡体制 ・区役所他部署との連携 ・すこやか福祉センター圏域ごとの地域ケア会議への参画	・ボランティアセンターの存在（支援ノウハウ、コーディネート力） ・地域資源の把握（地域の居場所情報420か所） ・団体支援・ネットワーク化のノウハウ（情報交換会の開催） ・こどもほっとねっと in なかのの支援 ・地域担当職員の原則固定化 ・団体活動支援資金の助成 ・民生児童委員とのパイプ ・地域担当は社会福祉士資格者 ・新たな社会資源をつくりだす

（4）中野区内社会福祉法人等連絡会

社協に寄せられた相談への
対応に社会福祉法人の力を借
りる取組みも始まっています。
中野区内社会福祉法人等連絡
会は、令和元年8月に立ち上
がり、中野区社協が事務局を
担っています。地域担当や「福
祉何でも相談」の事業から見
えてきた地域の課題を連絡会
で共有し、社会福祉法人の力
を活かして課題解決に向けた
取組みを行っています。令和

3年度は、コロナ禍の社協と連絡会の協働事業として、2種類のフードパントリーを実施し
ました。「中野つながるフードパントリー」は、民生委員や町会、自治会など地域住民を中
心にして、15の区民活動センター圏域のうち5地域で実施され、社会福祉法人も荷物の運
搬から就労相談まで、様々な形で参加、協力しました。また、「相談支援型フードパントリー」
も実施し、生活困窮者支援として食べ物を配るだけでなく、社会福祉法人が持つ専門性を活
かし、困りごとへの相談も行いました。地域担当は、地域でフードパントリーの情報提供を
行い、支援が必要な人との間をコーディネートしました。さらに「福祉何でも相談」に相談
があったケースの就労体験として、社会福祉法人のお仕事情報を必要な人に情報提供し、実
際にコーディネートもしています。中野区社協では、今後、就労体験の場づくりに取り組ん
でいく予定です。連絡会の社会福祉法人とつながることで、社協に寄せられた相談への対応
の幅も広がりました。

Ⅱ　重層的支援体制整備事業の実施状況

（1）重層的支援体制整備事業実施にあたっての準備

中野区社協は、重層的支援体制整備事業の5つの事業のうち、参加支援事業の「ひきこ
もり支援事業」と「区民による公益的な活動（地域の居場所提供型）の運営支援および立ち
上げ支援事業」の2事業を受託しました。その他の事業は中野区のアウトリーチチームが中
心になって、区が直営で実施しています。そのため、区と社協は、これまで以上に連携して
事業を進める必要があります。中野区では、令和3年度から重層的支援体制整備事業への
移行準備事業に取り組んでおり、令和4年度から本格実施するにあたり、お互いの事業の取
組み状況の報告と共有を目的とした区と社協の定例の会議を開催してきました。会議では、
社協から、「福祉何でも相談」の実績から感じている「ひきこもり支援」を拡充する必要性
を伝え、そのことが参加支援事業として実施することにつながりました。また、区からは、

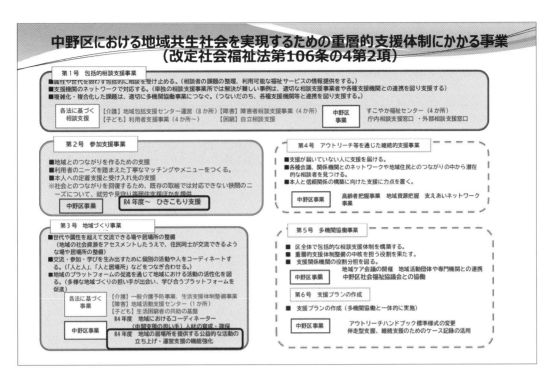

コロナで地域活動が停滞していることが課題として出され、地域活動の再開の支援等を行う「区民による公益的な活動（地域の居場所提供型）の運営支援および立ち上げ支援」を地域づくりに向けた支援事業として実施することになりました。令和４年度も区と社協の連絡調整会議を年３回実施する予定です。また、移行準備事業では、区と社協が目指すべき方向性を共有するために合同研修会も実施しました。

　重層的支援体制整備事業の実施に向けて、社協内でも課長会議や課長と課長補佐が出席する事務局会議で協議を進めるとともに、地域担当者会議や４圏域ごとの会議でも情報共有を図ってきました。重層的支援体制整備事業の一部を受託することで、地域福祉活動計画に掲げてきた「社会的孤立を生まない人と人がつながる地域づくり」を実現するためのひきこもり支援と居場所の支援という、もともと社協が取り組んできた事業を手厚くできるという共通理解のもと、自然な流れで準備を進めることができました。地域担当として全職員が地域の課題解決に取り組んできたこともあり、本事業を実施することについて、社協全体での理解はスムーズだったと感じています。

（2）中野区の重層的支援体制整備事業

中野区の重層的支援体制整備事業の各事業は以下のとおり実施されます。

包括的相談支援事業	4圏域にあるすこやか福祉センターを中心に各法に基づく既存の相談窓口が担います。すこやか福祉センターには、庁内相談支援窓口と外部相談支援窓口を設置します。単独の相談窓口で解決が困難な場合は、支援機関のネットワークで対応します。複雑化・複合化した課題は多機関協働事業へつなぎます。	直営
多機関協働事業	15の区民活動センター圏域において、区のアウトリーチチームが担います。関係機関の役割分担を図り、地域ケア個別会議（支援会議、重層的支援会議を兼ねる）を開催するとともに、地域活動団体や専門機関と連携し、社会福祉協議会とは協働して事業を進めます。また、支援プランの作成を多機関協働事業と一体的に実施します。	直営
参加支援事業	地域とのつながりをつくり、本人のニーズを踏まえたマッチングとメニュー開発を行います。ひきこもり支援に特化した参加支援事業である「ひきこもり支援事業」が中野区社協に委託されました。	社協
アウトリーチ等を通じた継続的支援事業	区のアウトリーチチームが担います。関係機関とのネットワークや地域住民とのつながりの中から、潜在的な相談を見つけ、支援が届いていない人に支援を届けます。	直営
地域づくりに向けた支援事業	居場所の整備、活動や人のコーディネート、地域のプラットフォームの促進を行います。生活支援体制整備事業や地域活動センター等の各法に基づく既存の取組みのほか、中野区社協に「区民による公益的な活動（地域の居場所提供型）の運営支援および立ち上げ支援事業」が委託されました。	社協

【重層的事業全体のイメージ図】

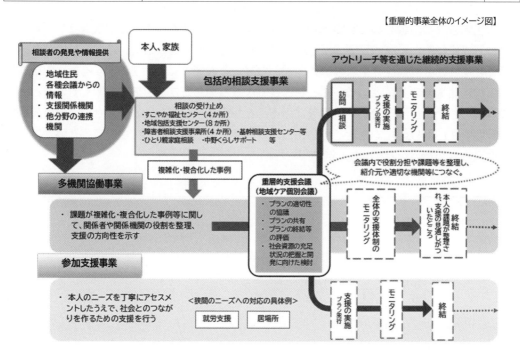

（3）地域ケア会議を活用した多機関協働

　中野区の地域ケア会議は、①中野区地域包括ケア推進会議（全区を所管）、②すこやか地域ケア会議（すこやか福祉センター圏域を所管）、③地域ケア個別会議（区民活動センター圏域を所管）の3層になっており、①と②はすこやか福祉センター、③は多機関協働事業を担うアウトリーチチームが開催します。中野区では多機関協働を15の圏域ごとに実施します。

【アウトリーチチームが開く地域ケア個別会議の3類型】

＜支援会議＞

　社会福祉法106条の6で規定。本人同意は不要。構成員に守秘義務を設け、地域において関係機関等がそれぞれ把握していながらも支援が届いていないケースについて、個々の情報の共有や地域における必要な支援体制の検討行う。アウトリーチチームと支援関係者で構成される。

＜重層的支援会議＞

　厚生労働省発出「重層的支援会議実施要綱」に規定。支援にかかわる関係者が参加し、本人の同意のもとで複雑化・複合化した個別事例の解決策を検討する会議。アウトリーチチーム、社会福祉協議会、支援関係者および本人で構成される。随時開催。

＜連携会議＞

　中野区独自で設けた会議。社会資源の充足状況の把握のため情報交換を行ったり、個別事例の検討から見えてくる課題の整理を行う会議。アウトリーチチーム、社会福祉協議会地区担当、地域包括支援センター、その他支援関係者で構成される。支援会議と合わせて年6回程度開催。事例の有無にかかわらず、開催する。

■地域ケア会議のイメージ図

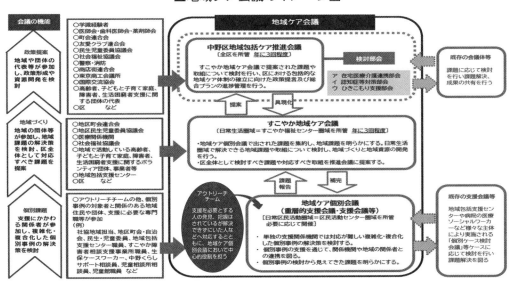

（4）参加支援事業「ひきこもり支援事業」

　ひきこもりの支援については、社協の「福祉何でも相談」に、これまでも家族、関係者、地域住民からの相談が多く寄せられていました。また、区でも社会的孤立をテーマにした調査を実施し、その結果からひきこもり相談窓口設置の必要性を感じているところでした。中野区地域包括ケア推進会議でも、検討部会の１つに「ひきこもり支援部会」を設け、ひきこもり支援を進めています。重層的支援体制整備事業の参加支援事業として「ひきこもり支援事業」を位置づけ、相談窓口の設置や情報発信、居場所づくり、アウトリーチを通じた伴走支援、家族会の支援、啓蒙啓発活動としての講演会の開催、ネットワークづくりなどが主な取組み内容になります。事業を受託した社協は、多機関協働事業の重層的支援会議にも参加し、プラン作成やプランに沿った支援を行うことになります。

　社協が行ってきた「福祉何でも相談」を通じたひきこもり支援では、相談は必ずしもその窓口に直接入ってくるとは限りません。地域担当が地域でひきこもりの相談をされて何でも相談につないだり、何でも相談から地域担当を介してひきこもりの人を地域の居場所につなぐこともあります。例えば、社協が実施している「歳末たすけあい運動」の助成金配布時に、地域担当がひきこもりの相談を受けてきたこともありました。また、社協には、参加支援の居場所づくりやメニュー開発につながる様々な取組みがあります。ひきこもり支援の具体的な参加支援メニューを持っていることは社協の大きな強みです。社協のボランティアセンターでは、切手の整理をする「すたんぷクラブ」や地域の NPO の法人ホームページ更新の手伝いなど、ひきこもりの人が参加しやすい様々なメニューがあり、本人に合った活動ができるよう支援をしています。さらに、本人に適した居場所がない場合には、地域の中で本人に寄り添った居場所をつくる「ナカーノ・ナカーマの地域づくり」を行ってきました。

　これまで、福祉何でも相談を担当する常勤職員（地域福祉コーディネーター）は、社協の独自財源で配置してきましたが、重層的支援体制整備事業の参加支援事業を受託したことで、区の委託費から人件費が出るようになりました。

　ひきこもりの相談は、最初からその相談窓口に相談したいという家族等もいれば、「ちょっと困っている」ことを「福祉何でも相談」に相談してきて、実はひきこもりであったというケースもあります。これからは、両方の看板を掲げて相談に対応できるようになります。また、今は発見されてからの支援はできていますが、今後の課題は、相談につながらないケースへのアプローチだと考えています。

（5）地域づくりに向けた支援事業「区民による公益的な活動（地域の居場所提供型）の運営支援および立ち上げ支援事業」

　中野区では、コロナ禍で地域活動が休止したり、停滞していることが課題になっています。そのため、重層的支援体制整備事業として、「地域の居場所を提供する公益的な活動」の現状を把握するとともに、コロナ禍で停滞した活動を再開し、または新たに始めていくための相談窓口を設置して、立ち上げ支援や運営支援を実施することになりました。中野区社協では、毎年、地域担当が約 400 か所の地域の居場所をヒアリングして、その内容を冊子として出すなど、地域活動の情報収集と提供を行ってきました。重層的支援体制整備事業では、

社協が把握しているこれらの情報を区のアウトリーチチームと共有し、連携して地域づくりを行います。この事業に対しては、ボランティアセンターに常勤職員1名が増員となりました。社協事業の強化にもなり、社協にとってメリットは大きいと感じています。

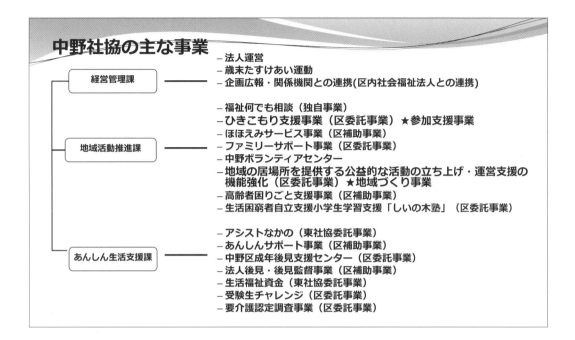

（6）今後の展望

　中野区社協で受託している重層的支援体制整備事業は5つのうち2つの事業だけですので、いかに区が直営で実施しているほかの事業と連携しながら実施していくのかが課題です。

　中野区では、区のアウトリーチチームが中心になって地域で支援を行う体制が取られており、重層的支援体制整備事業もアウトリーチチームが多機関協働事業などの中核を担っています。しかし、受託した2事業や社協がこれまで地域で築いてきた関係性、つながりを通して、社協にもできることはたくさんあるはずです。参加支援や地域づくりは、社協の本来の力を発揮できる事業です。これまで力を入れて取り組んできた地域担当や「福祉何でも相談」による取組みや成果、地域の社会福祉法人とのつながりなどを見える化し、社協の持つ力をアピールする必要があります。

　重層的支援体制整備事業の実施により、行政からの社協に対する認識は高まったと感じています。区のアウトリーチチームと社協は、アプローチの方法が違うだけで、目指しているところは同じです。今後、アウトリーチチームとのさらなる連携が重要になります。

事例5

地域福祉プラットフォームを活かした、ひきこもり等の複合的課題を抱えた方へのアウトリーチ等積極的な個別支援と地域づくり

—墨田区社協における 重層的支援体制整備事業の取組み

　　墨田区は令和３年度の重層的支援体制事業への移行準備事業を経て、令和４年度から重層的支援体制整備事業の本格的実施を始めました。一体的な取組が必要なため、本事業の５つの事業のうち、墨田区社協では、「包括的相談支援事業」、「参加支援事業」、「アウトリーチ等を通じた継続的支援事業」、「地域づくりに向けた支援事業」の４事業を受託するとともに、行政が直営で実施している「多機関協働事業」においても、支援会議等へのCSWの参画・運営への協力、支援プラン原案の作成等協働して取り組んでいます。地域共生社会の実現に向けて、ひきこもりや８０５０・ごみ問題等複雑・複合的な課題を抱えた事案に積極的に関わり、地域課題の解決も含めた対応を行っていきます。

　　受託をすることとなった背景には、墨田区社協が、平成12年度から実施している地縁を基盤とする小地域福祉活動と、平成28年度から住民と福祉関係者が協力して進める福祉相談と交流の拠点（＝地域福祉プラットフォーム）づくりがあります。

　　これまでは、地域づくりを主として地域福祉の推進を担ってきた社協ですが、重層的支援体制整備事業の一環として、個別支援にも一層力を入れていくという新たなステージでの取組みを始めています。これまでの実施に向けた経過や取組みの状況について、墨田区社会福祉協議会事務局次長の山田称子さん、地域福祉活動担当主任の小古山知世さん、同主事の菊池信（まこと）さんにお話をうかがいました。

〔ヒアリング日：令和４年8月10日〕

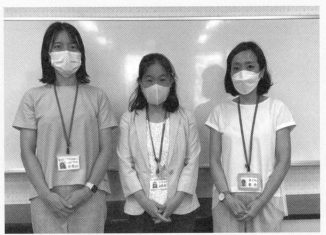

左から、墨田区社会福祉協議会　地域福祉活動担当主任 小古山知世さん、
事務局次長　山田称子さん、地域福祉活動担当主事　菊池信さん

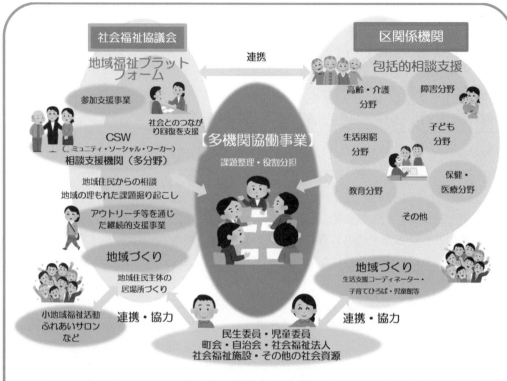

　墨田区社協は、地域の民生委員・児童委員等の協力を得て、住民同士の助け合い活動である小地域福祉活動を推進しています。そして、コミュニティ・ソーシャル・ワーカー（以下「CSW」という。）が常駐する「地域福祉プラットフォーム」を、墨田区が進める包括的支援体制整備事業の相談と居場所の拠点として推進しています。

　また、社協のCSWは、その知見と経験を活かし、区が直営で進める「多機関協働事業」にも参画し、事務局メンバーとして毎月開催される支援会議への助言や支援プランの原案作成などを行っています。

Ⅰ　墨田区社協のこれまでの取組み

（1）小地域福祉活動と地域福祉プラットフォームのはじまり

　墨田区は向こう三軒両隣のつながりが強い、下町風情の残っている地域です。墨田区社協では、平成12年度から町会・自治会区域（現在171区域）を範囲とした地縁組織による住民同士の支え合い、助け合い活動である「小地域福祉活動」を進めてきました。これは、高齢者や子どものいる世帯への声かけや見守りを中心とした活動です。現在では33地域で活動が行われています。また、住民同士の身近なつながりづくり・交流の場づくりとしてのふれあいサロンも現在12カ所で行われています。

　一方、地域から孤立している方や町会未加入者の存在、複合的な課題を抱えている世帯の支援等への対応の必要性から、地縁を基盤としない、住民と福祉関係者が協力して進める福祉相談と交流の拠点をつくろうと、平成28年度から社協のCSWが常駐する「地域福祉プラットフォーム」の設置を進めてきました。

　この、社協が独自で進めてきた「地域福祉プラットフォーム」は、令和3年度には墨田区が進める包括的支援体制整備事業の移行準備事業として位置づけられ、区からの委託事業となり、設置数も2か所から3カ所に増やしました。令和4年度から区の「重層的支援体制整備事業」の本格実施に伴い、4事業（①「包括的相談支援事業」②「参加支援事業」③「地域づくり事業」④「アウトリーチ等を通じた継続的支援事業」）を展開する地域拠点として、4事業を一体的に進めることでCSWが地域課題を抽出し、多機関と連携し地域福祉を推進していきます。

　相談と交流の場、世代・属性を問わず誰でも自由に出入りでき、気軽に話ができる世代間交流の地域の居場所であり、地域の困りごと、自身や家族のことなど様々な困りごとの相談ができる場となっています。

（2）地域福祉プラットフォームでの取組み

　地域福祉プラットフォームの各拠点は、地域団体が管理している建物や、区の地域プラザ、地域包括支援センター等を利用して、週2日、午前11時から午後4時までオープンしています。

京島【キラキラ茶家】　　　　　本所　　　　　　　　八広

　多くの方に利用していただくため、HP、区報、社協だよりへの掲載、チラシの配布に加え、どなたでも参加していただけるようなイベントや講座の実施、民生委員・児童委員への協力依頼などにより、地域住民への周知を図っています。このような取組みにより、徐々に地域住民に認識され、利用者も増加傾向にあります。

　イベント開催時は多くの方が集まることもありますが、通常は予約制ではないため、一日を通して10名ほどの利用となっており、「ゆったりと遊べるのがいい」と公共交通機関を使用してわざわざ訪れる子育て世帯もいます。

　また、CSWが、利用者の何気ない会話の中から、地域あるいは個人・世帯の潜在的な困りごと・課題をキャッチし、課題解決に向けて一緒に考え、支援機関につなぐケースや、地域活動者、民生委員・児童委員から日々の見守りの中から把握した課題が寄せられるケースなど、情報をくみ上げる機能も有しています。

（3）地域福祉プラットフォームにおける社協の体制および個別相談の増加

　墨田区社協には地域福祉プラットフォーム事業、生活支援コーディネーター、小地域福祉活動等を担当するCSWが8名おり、エリア担当制を設けず、各職員が情報を共有しあって活動しています。令和4年からは民生委員・児童委員の地区（7地区）ごとに8名の

CSW の中で、主に情報を集める職員の役割を分担し、地域資源の把握等を行っています。

CSW への相談件数は、拠点を増やしていることもあって年々増加しており、平成 28 年度年間約 200 件だったものが令和 3 年度には 1,200 件ほどに急増しています（社協自主事業「福祉なんでも相談」における電話相談等も含む）。

現在の拠点は 3 カ所ですが、将来は住民が歩いて行ける身近な場所に地域福祉プラットフォームが存在するという構想が描かれています。

小さなお子さんがあそべる
キッズスペースもあります。

誰でも気軽に立ち寄れる場です。
新たな交流、活動が生まれる場
でもあります。

常駐している社協職員が様々な
困りごとの相談に対応します。

地域の方達のご協力のもと、
各種イベントや勉強会を開催
しています。

Ⅱ 重層的支援体制整備事業の実施状況

（1）重層的支援体制整備事業実施にあたっての準備

墨田区社協は、重層的支援体制整備事業の中の「包括的相談支援事業」「参加支援事業」「アウトリーチ等を通じた継続的支援事業」「地域づくりに向けた支援事業」を受託しています。

もともと墨田区社協は、地域支援を主軸とした小地域福祉活動等、住民との協働を活かした地域での体制構築を進めてきており、その地域の体制を活かした上で個別の問題へも対応できるように進めてきました。

重層事業を受託することにより、地域福祉プラットフォームの相談や交流機能の充実とともに、ひきこもり・不登校等を含む複合的課題に対する積極的アウトリーチ、関係性構築、継続的伴走支援における個別ケースへの対応強化、解決に向けた支援や多機関協働につなぐという役割が新たに求められるようになりました。

令和 2 年 8 月に区の所管課（社協 / 地域福祉プラットフォーム所管）である厚生課から、令和 3 年 4 月から重層的支援体制整備事業への移行準備事業が始まることに伴い、地域福祉プラットフォームを墨田区が進める包括的支援体制整備事業の地域の拠点としたいという話がありました。そこから、行政と社協による継続的な話し合いを続けてきました。同年 10月からは、多機関協働事業の所管である、生活福祉課＊も加わり検討を重ね、3 年 4 月から移行準備が実施されました。

移行準備がはじまった当初は、試行的に個人情報を伏せた「準支援会議」が開かれました。その後、個人情報の取り扱いが整理され、個人情報を開示し、定例で毎月 1 回「支援会議」が開催されるようになりました。

＊令和 4 年 4 月からは、区の組織改正により、多機関協働事業の所管であった生活福祉課生活支援・相談支援担当が厚生課に組み込まれ、同一課による一体的な事業運営が可能となりました。

（2）墨田区の重層的支援体制整備事業

　墨田区の重層的支援体制整備事業の各事業は以下のとおり実施されます（「墨田区重層的支援体制整備事業実施計画」より抜粋。

	事業を行う体制	運営形態
包括的相談支援事業	相談窓口の設置形態としては、既存の相談窓口を活用します。受け止めた相談のうち、相談者が複雑化・複合化した課題を抱えているため、課題の全体像を俯瞰したうえで、相談支援機関の連携や役割を整理する必要のある事例については、関係する相談支援機関が集まって検討を行う支援会議や多機関協働事業につなぎ、相談支援ネットワークを活用した支援を行います。	委託（社協等）
参加支援事業	相談者本人やその世帯の支援ニーズを踏まえ、社会資源とのマッチングと社会参加に向けた支援のためのメニューづくりを行う事業です。個々の状況に合わせて地域への働きかけを行い、支援メニューを増やしていくとともに、本人に対する定着支援と受け入れ先への支援も行います。「地域福祉プラットフォーム」を拠点として配置するCSWをはじめ関係機関が他の機関と連携して支援をしていきます。	委託（社協）
地域づくりに向けた支援事業	地域における多様な主体による取り組みのコーディネート等を行います。 地域の社会資源を幅広くアセスメントした上で、世代や属性を超えて住民同士が交流できる多様な場や居場所の整備、地域の多様な主体が出会い、つながりの中から更なる展開を生む機会となる地域福祉プラットフォームをはじめとするプラットフォーム機能の形成を促す働きかけなどを行っていきます。	委託（社協等）
アウトリーチ等を通じた継続的支援事業	複雑化・複合化した課題を抱えている方の自宅を訪問し面接を行うなど、適切な支援を届ける事業です。本人と直接かつ継続的に関わるための信頼関係の構築やつながりづくりに力点を置いた支援をしていきます。「地域福祉プラットフォーム」を拠点として配置する CSW をはじめ関係機関が他の機関と連携して支援をしていきます。他の団体や手法についても検討をしていきます。	委託（社協）
多機関協働事業	支援会議からつながった複雑化・複合化した相談に対し、各相談支援機関の役割分担や支援の方向性を整理します。そして法で定めるよう規定されている支援プランの作成を行い、重層的支援会議に諮ります。決定された支援プランに基づき、支援の実施・進捗管理等を行います。	直営（社協参画）

行政との検討を踏まえ、重層事業での社協の役割として想定したポイントは下記のとおりです。

包括的相談支援事業：地域福祉プラットフォームの整備・運営／世代属性を問わない相談支援機能／それらを通じた、地域住民からの相談や何気ない会話からの地域での埋もれた課題の掘り起こし　等
参加支援事業：社会とのつながりを作るための参加支援／対象者ニーズに合わせたマッチング　等
地域づくりに向けた支援事業：地域の社会資源に関する情報収集・開拓／これまでの小地域福祉活動支援等を軸とした新たな住民主体の居場所づくり　等
アウトリーチ等を通じた継続的支援事業：キャッチした課題や相談内容に対する昼夜時間を問わない積極的アウトリーチ　等
多機関協働事業：日々の業務で把握した複合的課題や支援ニーズの、支援会議や多機関協働事業へのつなぎ／多機関協働事業での会議参加／会議で出されたケースに対しての知見や意見提供／本人同意を経て、重層的支援会議にかけられた際のプラン作成　等

　以下、社協からの視点も踏まえながら、実務として社協が行っていること社協が抱える現状の課題と方向性をみていきます。

包括的相談支援事業

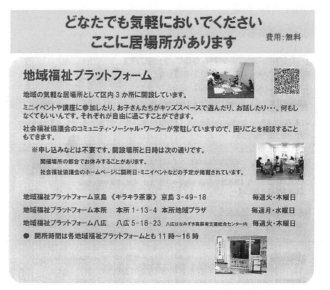

　地域福祉プラットフォームを担当する社協の地域福祉活動担当は、当初地域支援を実施する中で、多世代交流の会話の中でのちょっとした相談や困りごと・課題をキャッチしていました。しかし、最近は、ひきこもり関連の相談が増えている他、生きづらさを感じていて、今がつらいという相談も本人や家族から直接届けられるようになってきました。

　本人や家族からの相談・訴えはしっかりと受け止め、何に一番困っているのか、一緒に整理する対応を心掛けています。その上で、案内できる支援機関を紹介したり、さらに整理が必要であれば、確認するために持ち帰って各機関で情報交換を行い、主訴や特性を把握した上で再度話し合う場を設けることもあります。

　地域福祉プラットフォームに相談が入った時点で、既に本人や家族はさまざまなところ

に相談をしており、逆にどうしたらよいのかわからなくなっていることもあります。そうした際、職員が課題・望むこと等を整理し、適切な相談支援先に一本化できるようにしていきます。社協として直接、課題を解決するというよりは、支援機関に適切につながるようにしていく役割です。一方、整理が難しい問題や継続的に関わる必要性のある問題もあります。また、適切なところにつながっていてもライフステージに合わせて新たな課題も出てきます。つながりながら伴走し続ける必要があり、完全な解決策はないとも考えられます。

　もともと地域福祉プラットフォームでは、地域包括支援センターや高齢者みまもり相談室との連携はありました。それ以外の相談機関とは、個人情報の問題等で連携は難しい状況にありましたが、重層事業が始まり区が関わることになったことで、分野を横断して専門機関同士の連携がとりやすくなったと言えます。

参加支援事業

　従来は、地域づくりを主軸として支援を行ってきましたが、これまでの小地域福祉活動支援をベースとしながらも、新たに地域資源の発掘・開発を行い、社会的孤立状態にある人に対して、ニーズや特性に応じた地域資源のマッチング・伴走支援を行うことが求められています。

　そのために、孤立している方が社会・地域とのつながりの選択肢を増やせるよう、地域への働きかけを行っています。具体的には既存団体への受け入れ要請になります。現在、地域で活動している団体（小地域・サロン、（小学校区をまたがる）拠点型サロン、地域食堂・子ども食堂、ミニデイサービスよらっしょ*等）にアンケートを実施し、ひきこもりや不登校の方等社会的孤立状態にある人を受け入れることが可能かどうか、どのようなことなら受け入れ可能か（参加者としてか、準備など簡単なことあるいは得意なこと・役割を発揮しての活動者としてか）等を把握しているところです。

　アンケートからは、小地域福祉活動等は民生委員中心に立ち上がったところが多い経緯があり、受け入れに対して理解を示している団体が多い傾向が見えてきました。また、参加者としての受け入れが多いのですが、会場準備や資料配布等の簡単な活動であれば活動者としても受け入れるという回答もあります。

　地域福祉プラットフォームに関しても、当人が新たな役割や得意とする役割を担い参加できる場として位置づけています。

＊ミニデイサービスよらっしょ：なんらかの事情でひきこもりがちになったり、外出がおっくうになってきた高齢者等が参加
　できる場として、2001年10月に開設・毎週1回2か所で実施しています。

> **＊参加支援の実績報告の考え方**・・・重層的支援会議を経た支援プラン作成が
> なくても実績としてカウントする
> 　参加支援の過程に至る部分での支援があった場合には、本人の同意や意向を
> 把握した上でプラン作成がなくても参加支援としてカウントしています。

地域づくりに向けた支援事業

　これまで社協が住民とともに行ってきた、小地域福祉活動やプラットフォームでの取組みを基盤とし、それらの既存の地域活動や地域資源に対して、個別課題（8050問題、ひきこもり・不登校等の複合的課題）を受け入れられるような働きかけ・意識付け・体制作りの支援や情報発信等が求められています。また、地域福祉リーダーの育成のため、小地域活動・ふれあいサロン連絡会議、地域福祉活動セミナーを開催し、地域福祉力を高める活動も行っています。

アウトリーチ等を通じた継続的支援事業

　令和4年度からの重層事業の本格実施にあたり、アウトリーチを通じた継続的支援の強化のため、非常勤のCSWが1名増員されました。地域福祉活動担当としてのCSWは8名体制（常勤5名、非常勤3名）になっています。

　地域福祉プラットフォームでの相談や困りごとが多く寄せられるようになってきており、それに伴い、地域課題の掘り起こしと気になる方への積極的アウトリーチ、状況把握を行うことが必要となってきています。

　必要な情報を収集する際、関わりのある団体・関わった方がよいと思われる団体へは電話での情報共有・収集を行い、その後の支援を検討していきます。また、一緒に伴走的な支援を行ったほうがよいと思われる機関とは、一緒に訪問し役割分担をしながら支援を行っていきます。

　積極的なアウトリーチとして、時間帯や曜日を問わない柔軟な対応が求められており、対象者との良好な関係構築ができるようにしていく必要があります。

　また、仕組み上、支援会議によって役割分担や支援内容が固まれば、重層的支援会議を経なくても直接アウトリーチを行えるようになり、継ぎ目のない取組みが可能となっています。

多機関協働事業（参画）

　区直営で支援会議を毎月1回開催しています。支援会議および多機関協働事業実施における各課への案内や会議の実施は区が行っています。主管課及び関係部署の係長・課長15〜16名が支援会議に参加し、毎回2〜3件のケースを検討しています。

　社協からは、CSW総括リーダーが会議に毎回参加し、会議の運営に協力しケースに関わる知見提供等を担っています。また、重層的支援会議にかけられる際のプラン原案の作成も行っています。

　支援会議に挙げられた段階で、ある程度役割分担ができた場合は、アウトリーチ等の継続的支援につながります。また、初期相談支援機関だけでは方向性に行き詰っているケースや、個々につながるとよいと思っていてもつながらないケース、まだ相談に至っていないが地域で課題となっているケース等が支援会議にかけられます。

　多機関協働における重層的支援会議は、本人同意に基づくものであり、プラン作成は昨年度は1件となっています。

> ＊個人情報の取り扱いについて・・・支援会議における個人情報については、区により関係法令の手続きを経て、現在支援会議にて共有できることとなっています。更に、毎回支援会議では守秘義務に係る誓約書を提出しています。

（3）現状の課題・今後の展望

　地域福祉プラットフォームの充実と個別ケース（複合的課題）への積極的アウトリーチ、関係構築、伴走支援を両輪で行うこととなっています。地域づくり・参加支援は、小地域福祉活動等の経験のある職員がいますが、個別ケースの対応は、CSWの力量を補っていくことが必要となっています。

　小地域福祉活動等に取り組みつつ、地域福祉プラットフォームの運営を行いながら、個別ケースの相談が入れば対応しています。職員のスーパービジョン・研修に力をいれていきたいが至っていない状況です。現状としては目の前に来たものをこなしている状況にあり、対応できることとできないことを明確にしていく必要性も感じています。

　また、重層事業を始めてから個別支援の割合が地域支援に比べて多くなってきています。そのバランスをどのように取っていけばよいのかが重要です。

　さまざまな機関との連携のしやすさや、個人情報の共有といった重層事業の良さを最大限活用しながら、将来的にどのようなビジョンを持ち、進んでいくのが社協として地域福祉の推進や地域共生社会の実現にとってよりよいのか、考えていく必要があります。

事例 6

ほっとネットステーションにおける
地域福祉コーディネーターの取組みを活かした事業実施

―西東京市社協における
重層的支援体制整備事業の取組み

　　西東京市は令和３年度に移行準備事業、令和４年度から重層的支援体制整備事業を実施しています。

　　西東京市社協では、平成22年度に地域福祉コーディネーターをモデル配置し、都内でも先駆的に地域福祉コーディネーターによる地域づくりに取り組んできました。その後、体制を強化して、現在は市内２か所の「ほっとネットステーション」から４圏域に出向く８名の地域福祉コーディネーターが配置されています。また、ふれあいのまちづくり住民懇談会（小地域福祉活動）は、旧小学校区20地区で、住民同士が知り合い、支え合うことを目指して、西東京市社協が長く取り組んできた事業です。さらに、地域サポート「りんく」（生活支援体制整備事業）、生活サポート相談窓口（生活困窮者自立相談支援事業）も受託しており、地域課題の解決を支援する事業の多くを実施してきたことから、重層的支援体制整備事業の５つの事業を社協が受託することになりました。

　　西東京市の重層的支援体制整備事業は、西東京市社協が長く取り組んできた事業を活かした形で実施されています。特に地域福祉コーディネーターが地域の関係者と積み上げてきたことを成果として発揮することが求められています。今後も社協の強みを活かした事業展開が期待されます。

　　これまでの実施に向けた経過や取組みの状況について、西東京市社会福祉協議会福祉活動推進課長の小口浩司さん、同課主幹の篠原京子さん、同課相談支援係長の佐藤美穂さん、同課相談支援係主査の飯塚和幸さんの４人にお話をうかがいました。

　　〔ヒアリング日：令和４年11月18日〕

左から、西東京市社会福祉協議会
福祉活動推進課相談支援係主査　飯塚和幸さん、
福祉活動推進課主幹　篠原京子さん、
福祉活動推進課長　小口浩司さん、
福祉活動推進課相談支援係長　佐藤美穂さん

（1）第四次西東京市地域福祉活動計画

第四次西東京市地域福祉活動計画（平成 31 年〜令和5年）は、平成 31 年3月に策定されました。本計画では、西東京市社協が実施している地域福祉コーディネーター、生活支援コーディネーター、生活サポート相談窓口（生活困窮者自立相談支援事業）、ふれあいのまちづくり住民懇談会（小地域福祉活動）の4つの事業が連携、協働し、解決に向けて取り組んでいくしくみを「西東京市スタイル」とし、西東京市らしい包括的支援体制の構築を目指してきました。第四次地域福祉活動計画は、第4期西東京市地域福祉計画と連動して策定しており、市民アンケート調査や住民の地区懇談会の結果を共有して用いています。市民アンケートからは、つながりの希薄化、相談先がわからないこと、必要な人に情報が行き届いていないことが課題として見えてきました。そこで、西東京市は、令和2年度に国の「地域共生社会の実現に向けた包括的支援体制構築事業」として「福祉丸ごと相談窓口」を開設し、西東京市社協も「西東京市スタイル」の4つの事業にさらに力を入れて取り組んでいく流れになりました。

「西東京市スタイル」のイメージ

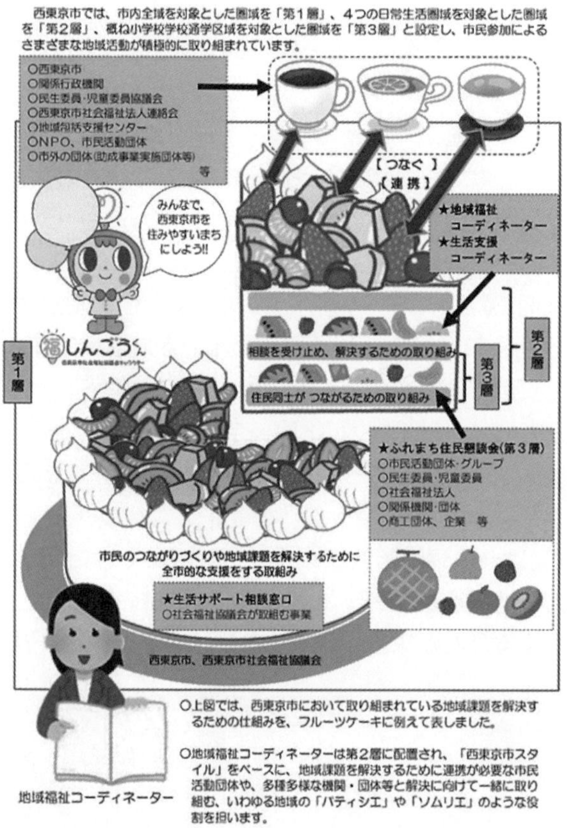

西東京市では、市内全域を対象とした圏域を「第1層」、4つの日常生活圏域を対象とした圏域を「第2層」、概ね小学校学校通学区域を対象とした圏域を「第3層」と設定し、市民参加によるさまざまな地域活動が積極的に取り組まれています。

○西東京市
○関係行政機関
○民生委員・児童委員協議会
○西東京市社会福祉法人連絡会
○地域包括支援センター
○NPO、市民活動団体
○市外の団体（取込事業実施団体等）　等

みんなで、西東京市を住みやすいまちにしよう!!

福 しんごうくん

第1層

【つなぐ】
連携

★地域福祉コーディネーター
★生活支援コーディネーター

相談を受け止め、解決するための取り組み

住民同士が つながるための取り組み

第2層

第3層

★ふれまち住民懇談会（第3層）
○市民活動団体・グループ
○民生委員・児童委員
○社会福祉法人
○関係機関・団体
○商工団体、企業　等

市民のつながりづくりや地域課題を解決するために全市的な支援をする取組み

★生活サポート相談窓口
○社会福祉協議会が取組む事業

西東京市、西東京市社会福祉協議会

地域福祉コーディネーター

○上図では、西東京市において取り組まれている地域課題を解決するための仕組みを、フルーツケーキに例えて表しました。

○地域福祉コーディネーターは第2層に配置され、「西東京市スタイル」をベースに、地域課題を解決するために連携が必要な市民活動団体や、多種多様な機関・団体等と解決に向けて一緒に取り組む、いわゆる地域の「パティシエ」や「ソムリエ」のような役割を担います。

（2）地域福祉コーディネーター事業（ほっとネット事業）

西東京市社協では、平成 22 年度に地域福祉コーディネーター1名をモデル配置しました。第二次西東京市地域福祉活動計画（平成 21 年〜 25 年）の中に地域福祉コーディネーターを位置づけ、都内でも先駆的に地域福祉コーディネーター事業に取り組んできたと言えます。平成 25 年度に4圏域（日常生活圏域）各1名の4名の配置となり、令和2年度に地域共生社会の実現に向けた包括的支援体制構築事業（いわゆるモデル事業）の実施に合わせて、4圏域各2名の8名配置となりました。地域福祉コーディネーター事業は「西東京市ほっとするまちネットワークシステム事業（通称：ほっとネット事業）」といい、地域福祉コーディネーターは、田無ステーション（田無庁舎内）と保谷ステーション（防災・保谷保健福祉総

合センター内）の2か所の「ほっとネットステーション」に配置されています。田無ステーションは前述の「福祉丸ごと相談窓口」内に設置されており、市の地域共生課相談窓口係（生活困窮者自立支援事業等）や生活サポート相談窓口などとともに窓口を構成しています。保谷ステーションでは、高齢、障害、生活福祉分野の相談窓口とともに「福祉の相談窓口」として相談にあたっています。ほっとネットステーションには、どこに相談をしたらいいのかわからないという相談が多く寄せられますが、他の相談機関と窓口をともにしていることにより、様々な相談に対して連携が取りやすい体制になっています。

　ほっとネット事業の特徴の1つが市民による「ほっとネット推進員」の存在です。地域課題などの情報を地域福祉コーディネーターに寄せるとともに、解決に向けて協力をしてくれる市民のことですが、特に何かをやってほしいとコーディネーターからお願いするのではなく、日頃のつながりの中で無理なく取り組んでもらっています。毎年コミュニケーション研修を開催したり、ほっとネット推進員向けの通信を送付しています。相談者がのちにほっとネット推進員になることもありますし、市内の事業者（地域の不動産業者、片付けをする業者、植木屋など）が登録してくれることもあります。現在400名超の市民がほっとネット推進員として登録しています。

■ほっとネット事業 圏域図

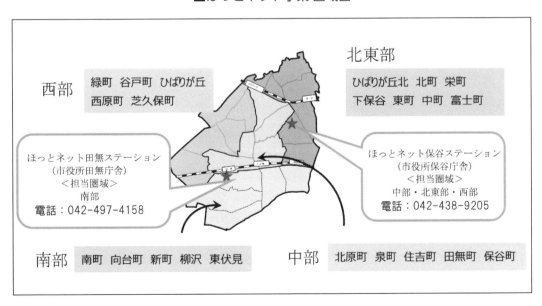

（3）地域サポート「りんく」における生活支援体制整備事業と「ささえあいネットワーク」

　西東京市社協では生活支援体制整備事業を受託しています。１層生活支援コーディネーター１名と４圏域４名の２層生活支援コーディネーターは、担当圏域にかかわらず、全員、田無総合福祉センター内の西東京市地域サポート「りんく」に配置されています。「りんく」では、地域活動についての相談受付や、まちづくりに関する情報、意見交換の場作りを通し、高齢者の地域生活を支えるネットワークづくりを行います。生活支援体制整備事業のほか、西東京市の事業の「ささえあいネットワーク事業」と「介護支援ボランティアポイント制度」にも取り組んでいます。ささえあいネットワークは、「ささえあい協力員」や「ささえあい協力団体（地元の企業等）」が、日頃の生活や活動の中で高齢者を見守り、気になることがあ

れば「りんく」や地域包括支援センターに連絡をする事業です。その中には「ささえあい訪問サービス」という事業もあり、申請のあった高齢者への見守り活動を行っています。また、ささえあい訪問協力員養成研修を受講すると、ささえあい訪問サービスにて見守りを行う「ささえあい訪問協力員」としての活動もできます。「ささえあいネットワーク事業」の見守り対象は高齢者ですが、「ささえあい協力員」と「ほっとネット推進員」を兼ねている方もおり、実際は地域の中の様々なことに気をかけてくれているささえあい協力員もいます。どちらの事業かにかかわらず、地域で気になることがあれば西東京市社協に伝えれば良いのですが、市民から見てわかりにくいしくみになっているので、ネットワーク事業の整理の必要性を感じています。

（4）生活サポート相談窓口（生活困窮者自立相談支援事業）

　西東京市社協は生活困窮者自立相談支援事業も受託しており、生活サポート相談窓口として、市の「福祉丸ごと相談窓口」の一画を構成しています。社協の担当職員は２名です。ほっとネット田無ステーションと一緒の窓口に配置されているので、地域福祉コーディネーターと連携がしやすい体制になっています。生活サポート相談窓口の支援対象ではない相談が入った場合に、ほっとネットステーションにその場でつなぐこともできます。外国籍の方や子育て世帯からの相談に対して、ほっとネットステーションと一緒に支援し、地域でのつながりをつくったケースなどがあります。

（5）ふれあいのまちづくり住民懇談会（小地域福祉活動）

ふれあいのまちづくり住民懇談会（以下、ふれまち）は、住民同士が知り合い、支え合えるまちづくりを目指し、「住民懇談会」、「ふれまち助け合い活動」、「地域活動拠点」の3つの事業を実施している小地域福祉活動です。「住民懇談会」は、旧小学校区20地区で取り組んでおり、「サロン活動」、「防災・防犯への取り組み」、「見守り活動」によるまちづくりを行っています。「ふれまち助け合い活動」は、電球交換のような住民の「ちょっと困った」を住民同士で助け合い、「安心して暮らせるまち」を目指す活動です。「地域活動拠点」は8か所あり（令和4年11月現在7か所）、誰もが集える場として、地域交流、居場所、ミニデイ、子育て支援など様々な目的で使われています。ふれまちの担当職員は、地域福祉コーディネーターと同じ課の地域福祉推進係に配置されています。地域福祉コーディネーターと地域福祉推進係の職員で20地区の住民懇談会を担当しており、月1回の定例会とサロン開催時などに出向いています。拠点には職員が常駐しているわけではなく、必要に応じて回っています。毎月、圏域ごとに地域福祉コーディネーター、生活支援コーディネーター、ふれまちの圏域担当者で打合せを行い、地域課題や地域の情報を共有し、社協内で連携を取るようにしています。

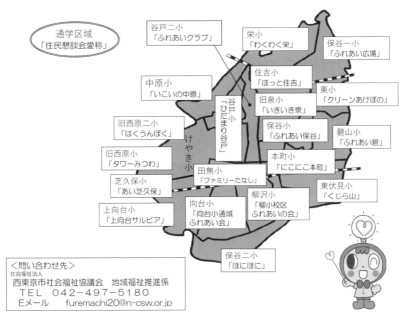

＜問い合わせ先＞
社会福祉法人
西東京市社会福祉協議会　地域福祉推進係
TEL　042-497-5180
Eメール　furemachi20@n-csw.or.jp

（6）福祉丸ごと相談窓口

　令和２年度に西東京市に開設された「福祉丸ごと相談窓口」は、ほっとネットステーション、生活サポート相談窓口のほか、西東京市の地域共生課相談窓口係と生涯現役応援窓口の４つの機能で構成されています。地域共生課相談窓口は、市直営の生活困窮者自立支

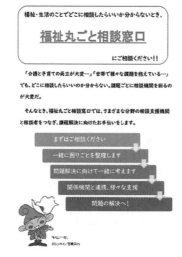

援事業（一部の事業は生活サポート相談窓口で実施）、ＮＰＯ法人等が実施しているひきこもり・ニート対策事業や就労準備支援事業、入院助産に関する相談受付を行っています。生涯現役応援窓口は、原則55歳以上の方を対象に就労や社会参加に関する相談を受け付けています。市民の「どこに相談したらいいのかわからない」に対応するため、相談者の多岐にわたる相談を「丸ごと」受け止め、それぞれの課題ごとに専門機関と連携し、解決に向けた支援を行う窓口です。生活困窮等の生活の困りごとを相談できる窓口と個別支援と地域支援の両方を実施する地域福祉コーディネーター事業のほっとネットステーションが一緒に対応することで、「断らない相談支援」「参加支援」「地域づくりに向けた支援」といった重層的支援体制整備事業の取組みにつながっています。

（7）西東京市社会福祉法人連絡会

　西東京市社会福祉法人連絡会は平成28年12月に設立され、西東京市社協が事務局を担っています。連絡会における地域公益活動として、平成30年度から、毎年フードドライブに取り組んできました。コロナ禍でも継続して実施しており、集まった食料は、子ども食堂や放課後カフェ、生活サポート相談窓口等が実施する食料支援等と連携して配布しています。また、連絡会の新しい取組みとして、現在、「地域の福祉相談窓口」の準備も進めています。各社会福祉法人の窓口に寄せられた相談は、分野を問わずに一度受け止め、社会福祉法人間で連携し、それぞれの専門性を活かして対応するしくみです。必要に応じて社会福祉法人以外の専門機関にもつなぎます。重層的支援体制整備事業の中でも、包括的相談支援事業は社会福祉法人の力が求められているところであり、社会福祉法人連絡会の取組みにより、相談対応の幅が広がることが期待できます。

Ⅱ　重層的支援体制整備事業の実施状況

■重層的支援体制整備事業の全体像【西東京市のイメージ】

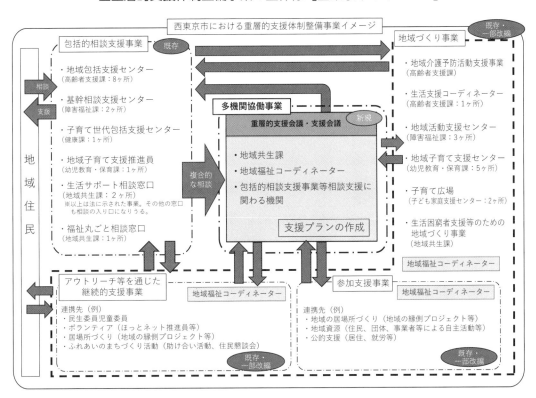

（1）重層的支援体制整備事業実施にあたっての準備

　西東京市では、本事業の具体的な進め方を庁内検討委員会で検討してきました。令和3年8月に、西東京市社協へ庁内検討委員会実務者部会（庁内の係長級が参加する会議）への出席依頼があり、地域福祉コーディネーター事業の担当が2回ほど参加しました。あわせて市の所管課（健康福祉部地域共生課地域共生係）と社協で打合せも行ってきました。庁内の関係部署間で本事業への理解をすすめるため、実務者部会は、お互いの事業を説明して理解し合った上で、「なぜ重層的支援体制の整備が必要となるのか」について共通認識を持つところから始まりました。西東京市社協からは地域福祉コーディネーター事業の取組みを庁内の関係部署に説明しました。重層的支援体制整備事業を進めていくためには、まず各機関がお互いのことを理解する必要があり、その上で、初めて連携が可能になると感じたそうです。

　本事業の5つの事業全てが社協に委託されることになり、社協内では、西東京市が作成したマニュアルの読み合わせをし、担当職員間で進め方の確認をしました。特に、多機関協働事業については、支援フローを考えて相談支援機関向けの案内を作成しました。フロー作成を進める中で、利用相談のあったすべてのケースを多機関協働事業で対応することはできないが、対応しないケースについても何もしないのではなく、提案をして戻したほうがよいという話になり、提案用シートも作成しました。

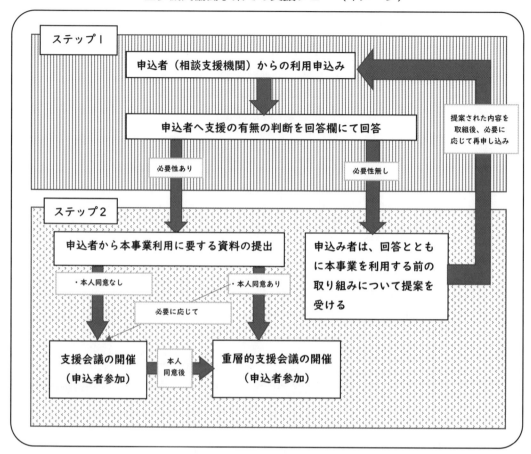

■多機関協働事業での支援フロー（イメージ）

ステップ1

申込者（相談支援機関）からの利用申込み

申込者へ支援の有無の判断を回答欄にて回答

提案された内容を取組後、必要に応じて再申し込み

必要性あり　　　　　　　　　　　　　　必要性無し

ステップ2

申込者から本事業利用に要する資料の提出

申込み者は、回答とともに本事業を利用する前の取り組みについて提案を受ける

・本人同意なし　　　　　　　　　　・本人同意あり

必要に応じて

支援会議の開催（申込者参加）

本人同意後

重層的支援会議の開催（申込者参加）

（2）多機関協働事業のモデル実施

　西東京市では、移行準備期間から多機関協働事業でモデルケースの支援に取り組んでいます。庁内検討委員会実務者部会にケースを持ち寄り、地域包括支援センターや生活サポート相談窓口が関わっていた1ケースを多機関協働事業のモデルケースとして具体的に取り組むことにしました。令和3年度末までに支援会議を2回、重層的支援会議を1回開催しました。

　モデル実施では、社協の地域福祉コーディネーターが日頃から実践している「9マスシート※」とマップを用いてケースの把握を行いました。「9マスシート」とは、シートの真ん中に課題、周囲に本人や家族の持つ力も含めた力や資源を落とし込み、本人や家族のストレングスに目を向けていく方法です。会議で使用してみると、地域の力を使う視点や本人の困っているところ以外に着目するという新たな視点が生まれました。また、マップを用いてケースの生活圏域の確認もしました。マップを使用すると、本人を中心にして地域を見る視点が出てきました。本事業は多機関協働事業に投げればいいという事業ではなく、相談支援や参加支援や寄り添い支援があるのだと意識してもらい、全体に目を向けて欲しいとの思い

※日本社会事業大学社会福祉学部 准教授 菱沼幹男氏の事例検討で提供

から、地域福祉コーディネーターが日頃大切にしている視点を共有することが重要だと考えています。「9マスシート」やマップを使用する際は、各機関に対して丁寧な説明が必要であり、全員が簡単に取り組めるものではありませんが、今後も同様のツールを使用していきたいと考えています。

　多機関協働事業は社協が受託していますが、支援会議の通知や開催、支援プランの決定は市が行い、支援会議開催に伴う実務や支援プランの素案作成、重層的支援会議の通知や開催は社協が担います。会議は、市が声かけしたほうがいい場合と、会議に参加する各機関と関係ができており、社協が直接声かけできる場合があると思われますので、今後、どのように会議を開催していくのか市と検討する予定です。

（3）西東京市の重層的支援体制整備事業の各事業の特徴

　西東京市社協は、重層的支援体制整備事業の5つの事業を受託しており、それぞれ既存の社協事業を発展させて実施しています。前述のモデル事業実施に伴う人員増以降、令和4年度からの事業実施にあたって、特に人員の増配置はありませんでした。

＜包括的相談支援事業＞

　社協事業含む各分野別の相談支援機関の連携により、相談を受け止める。「どこに相談したらよいかわからない」相談は、ほっとネットステーションで地域福祉コーディネーターが対応し、専門の窓口につなげたり、解決に向けて一緒に考え、解決のためのしくみをつくる。

・属性や世代を問わず包括的に相談を受けとめる。
・受けとめる相談のうち、単独の相談支援事業者での解決が難しい事例は、適切な相談支援事業者や各種支援機関と支援機関のネットワークで連携を図りながら支援を行う。
・複雑化・複合化した課題については適切に多機関協働事業につなぐ。

＜多機関協働事業＞

　社協が受託している「地域福祉コーディネーター事業」を活用して、新たな会議体やしくみを設けて実施する。支援プランの決定は市が行う。

・複合的な課題を抱えており、課題の解きほぐしが求められる事例等に対して支援を行う。
・相談支援機関の抱える課題をアセスメントし、各々の役割分担や支援の方向性を整理する役割を担う。
・収集した情報は、原則として多機関協働事業がインテーク・アセスメントシートにまとめるほか、必要に応じて重層的支援会議に提示する。アセスメントの結果を踏まえプランを作成する。

■複雑化・複合化した課題（多機関協働事業）【イメージ】

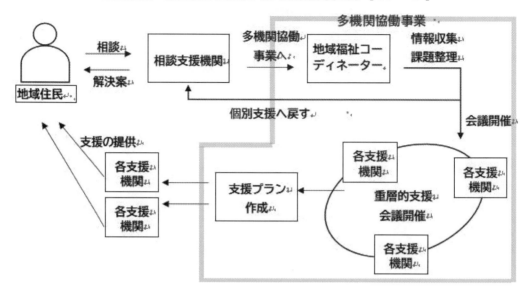

<アウトリーチ等を通じた継続的支援事業>

社協が受託している「地域福祉コーディネーター事業」により実施する。

・支援が届いていない人に支援を届ける。
・各種会議、関係機関とのネットワークや地域住民とのつながりの中から潜在的な相談者を見つける。
・本人との信頼関係の構築に向けた支援に力点を置く

<参加支援事業>

社協が受託している「地域福祉コーディネーター事業」により実施する。

・社会とのつながりを作るための支援を行う。
・利用者のニーズを踏まえた丁寧なマッチングメニューをつくる。
・本人への定着支援と受け入れ先の支援を行う。

<地域づくりに向けた支援事業>

社協事業含む既存の各所管の事業等により実施する。生活困窮者支援等のための地域づくり事業については、地域福祉コーディネーター事業における地域づくりの取組みや、その他の地域づくりに関する取組みを整理し、位置付ける。

・世代や属性を超えて交流できる場や居場所を整備する。
・交流・参加・学びの機会を生み出すために個別の活動や人をコーディネートする。
・地域のプラットフォームの促進を通じて、地域における活動の活性化を促す。

（4）今後の展望

　西東京市社協では、地域福祉コーディネーター事業を中心に本事業を受託していますが、実施にあたって前述のとおり増員はなく、受託前と同じ体制で事業を実施しています。これまで地域福祉コーディネーターとして取り組んできた事業がベースにはなっていますが、多機関協働事業には新規事業もあり、職員の業務量は増えています。また、現在、圏域を担当している地域福祉コーディネーターが多機関協働事業も担っているため、圏域のコーディネーター業務とのすみ分けにも難しさを感じています。今後の体制強化が望まれるところです。

　また、以前から取り組んできたことを本事業として実施することもあり、実績のカウントの仕方もわかりにくさがあります。現在、アウトリーチ等を通じた継続的支援事業と参加支援は、これまでも市へ提出していたデータベースの数字からカウントしていますが、どれを本事業の実績としてカウントするのか曖昧だと感じています。今後、コーディネーター事業全般について、市と課題を共有し、整理していく必要があります。

　一方で、本事業を受託することは、社協の取組みを他の関係機関との協働に発展させていく機会でもあります。地域福祉コーディネーター事業のほか、ふれあいのまちづくり住民懇談会（小地域福祉活動）、生活支援体制整備事業、生活サポート相談窓口（生活困窮者自立相談支援事業）、社会福祉法人の連絡会による取組みを多くの関係者や関係機関に知ってもらうことが期待できます。

3つのエリアに配置するCSWがアウトリーチを通じた支援事業を担うとともに、相談支援包括化推進員を兼務。市の相談支援包括化推進員とお互いの強みを活かして、支援・つなぎ・出会いを重層化する。

─狛江市社協における 重層的支援体制整備事業の取組み

　狛江市は、令和4年度から重層的支援体制整備事業を実施しています。狛江市社協では『第3次地域福祉活動計画』に基づき、平成30年度からコミュニティソーシャルワーカー（以下、CSW）を配置し始め、令和5年度には市内3つのエリアに3人のCSWを配置するに至っています。重層的支援体制整備事業では「アウトリーチ等事業」をこの3人のCSWが担い、複合的な課題を抱える市民や世帯を訪問して支援につなげる取組みを始めました。また、CSWは「地域づくり事業」として、市民が主体的に地域課題の解決に向けた取組みをすすめていけるよう「福祉カレッジ」「福祉のまちづくり委員会」の事業にも取り組んでいます。

　市では市役所に「福祉総合相談窓口」を開設している福祉相談課に平成31年から「相談支援包括化推進員」を配置。狛江市社協の3人のCSWも「相談支援包括化推進員」を兼務しています。市と狛江市社協の双方に「相談支援包括化推進員」を配置することで、ケースに応じてお互いに役割分担しながら多機関協働に取り組みます。例えば、多問題を抱える世帯で緊急も要するケースは行政の相談支援包括化推進員の関わりが必要と考えられ、地域とのつながりを時間をかけて作っていくことが必要なケースはCSWによる取組みが有効と考えられます。

　そして、狛江市では、CSWによるアウトリーチに加えて、幅広い相談機関等からの情報を市の相談支援包括化推進員へ集約するため、「つなぐシート」という仕組みを導入しました。これは、市内の相談窓口、公共施設や店舗の店員などが困りごとを抱える方を見かけた際、必要な支援へとつなげるため、簡単なシートで聴きとった内容を市の相談支援包括化推進員に送ってもらう仕組みです。さらに、令和5年3月からは空き家を活用した「多世代・多機能型交流拠点」を開設し、拠点にはCSWの一人が福祉専門職や子育て支援団体とともに常駐する予定です。

　〔ヒアリング日：令和5年1月18日〕

左から 狛江市社会福祉協議会 地域福祉課 CSW 野木遼太さん、CSW 大澤遥香さん、CSW 岸真さん、事務局長 小楠寿和さん

■狛江市の重層的支援体制整備事業の全体像

包括的支援体制の構築に向けた課題解決の方向性

1	アウトリーチ支援の充実	➡ 生活困窮者自立支援におけるアウトリーチ支援の充実、CSWを通じた伴走支援等
2	ライフステージに応じた切れ目のない相談支援（縦の包括的支援）の充実	➡ 子ども家庭支援センター、児童発達支援センター及び教育支援センター３つの機能を有する子育て・教育支援複合施設（ひだまりセンター）の設置・運営のほか、相談支援包括化推進員を中心に既存の会議を活用した重層的支援会議、支援会議等の仕組みの構築
3	障がい者の相談支援の充実	➡ 地域生活支援拠点および基幹相談支援センターの設置
4	福祉保健以外の部署との連携の充実	➡ ケース検討を通じた課題の共有
5	地域における身近な居場所づくり	➡ 多世代・多機能型交流拠点の設置・運営
6	重層的支援体制整備事業の普及・啓発	➡ 重層的支援体制整備事業実施計画の作成、研修等

実施体制

	事業名	実施体制（主たる担当）
1	包括的相談支援事業	・既存の相談支援機関（地域包括支援センター、障がい者相談支援事業、子ども家庭支援センター、保育サービスコーディネーターによる相談支援、妊婦面談事業、生活困窮者自立相談支援事業）
2	多機関協働事業	・相談支援包括化推進員 （市の福祉相談課＜福祉総合相談窓口＞に１名、社協に３名※） ※社協の相談支援包括化推進員はCSWを兼ねる。
3	アウトリーチ等事業	・CSWの配置（社協に３名）
4	参加支援事業	・こまYELL（生活困窮者自立支援事業）が社協等と連携し、生活困窮者以外の生活困窮になるおそれのある市民を対象とした就労準備支援事業を実施
5	地域づくり事業	・既存の事業＋CSWによる地域共生社会推進事業（福祉カレッジ事業・福祉のまちづくり委員会事業）

○地域センター、地区センター、児童館等の公共施設の職員や民間施設の職員を「つなぐシート連絡員」に任命する。

○連絡員は、利用者等に支援を必要としている人がいた場合には、同意を得た上で本人とともに「つなぐシート」を作成し、市の相談支援包括化推進員に情報提供する。

○「つなぐシート」はLoGoフォームによりパソコンやスマホで作成し送信することもできる。

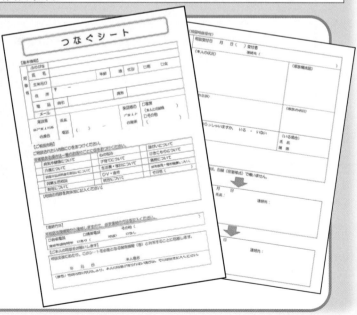

Ⅰ　市の地域福祉計画と狛江市社協の地域福祉活動計画が連携

（1）小地域福祉活動と地域福祉プラットフォームのはじまり

　日本で二番目に面積が小さい市である狛江市は、6.39平方キロメートルに8万人が暮らすコンパクトな街です。狛江市社協は、平成2年度にはじめての地域福祉活動計画である「あいとぴあ推進計画」を策定しました。同計画に基づき、当時、狛江市社協では10年間、「あいとぴあカレッジ」「あいとぴあ会議」などの事業を推進し、住民主体と住民参加によるまちづくりに取り組んできました。その後、介護保険事業等の事業を狛江市社協でも展開する事業体としての側面が拡大した時期を経て、今、改めて地域住民が主体的に課題を持ち寄り課題解決の取組みをすすめることが大切な時代を迎えています。

　狛江市社協では長年にわたり「小地域福祉活動」に取り組んできました。平成5年度から岩戸地域、平成8年度からは猪方・駒井地域、平成14年度からは野川地域で活動が始まり、和泉地域では丁目単位での活動に取り組み、それぞれの地域の実情に応じて「地域福祉推進委員会」を設置しています。各委員会では地縁組織の町会等と協力しながら主に地域の高齢者を対象としたサロン活動に取り組んでいます。一方、サロンそのものは地域の重要な社会資源の一つではあるものの、地域住民が主体的に地域福祉課題を検討する協議体へと地域福祉推進委員会が発展できなかったことが課題となっています。

　平成30年度〜令和5年度を計画期間とする『第3次地域福祉活動計画』は、市の『あいとぴあレインボープラン　狛江市第4次地域福祉計画』と同じ計画期間となっています。活動計画では、新たに3つの重点目標として、①地域を支える福祉人材の育成、②アウトリーチによる問題発見・解決への取組み、③住民が地域課題を共有し共にその課題を解決していく仕組みづくりを掲げました。そして、その目標を実現するため、「福祉カレッジの開催」「コミュニティソーシャルワーカーの配置」「福祉のまちづくり委員会の設置」の3つの事業を位置付けました。活動計画の重点目標は、市の地域福祉計画にもその実施への後押しが位置付けられ、3つの事業は「地域共生社会推進事業」として平成30年4月から狛江市社協が受託しています。

Ⅱ　地域を支える福祉人材の育成 ⇒ 福祉カレッジ

　平成30年度から開始した「福祉カレッジ」は毎年その内容を見直しながらコロナ禍も継続し、5年目を迎えます。福祉に関心のある市民が障がい当事者や福祉施設の職員、地域で活躍されている方からリアルな話を聞ける講義は好評で、さらに「聞く」だけでなく、個人ワーク、またはグループワークを通して「考える」そして「対話する」という学びも大切にしてきました。コロナ禍での

福祉カレッジ　各年度の修了者数

	修了者数
平成30年度	19名
令和元年度	11名
令和2年度	14名
令和3年度	13名
令和4年度	17名

生活困窮者支援の実情を話してもらったり、具体的な地域に今ある課題も講座に採り入れています。さまざまな層の方が参加できるよう、9〜12月の期間に全10回、土曜日の10

～12時に開講しています。

カレッジでは、各受講生が『地域で解決に向けた取組みを実践してみたい』と思う課題をグループワークで出し合い、最後に一人ひとりが自分が選んだ分野の狛江市における現状と課題、その課題に対してどのような地域活動やサービスが必要か、また、今後、自分自身でできることを発表し合います。それは、こんなことが実現すれば「住みやすくなる」という住民主体の企画案であり、学びを活かし、具体的な地域活動へと一歩をふみだすことをめざした取組みといえます。

令和3年度の受講生13名が発表したテーマをみてみると、①子どもの貧困について、②情報提供と地域連携、③外国人世帯への支援、④多文化・多国籍の小中学生の学習支援、⑤福祉に関する情報提供、⑥空き家を活用した高齢者支援、⑦子育てしやすい地域をつくる、⑧スマホデビュー高齢者交流支援、⑨高齢者福祉について、⑩保育支援ボランティア、⑪障がいを持つ子の病院探しのお助けプロジェクト、⑫狛江ふくしスタンプラリー、⑬コマラジで福祉カレッジの番組を企画、といったように、コロナ禍に顕在化している地域課題の数々が並びます。受講者からは「知ることができたのは本当によかった。自分は地域の中でどのような役割ができるだろうかと考えるようになった」といった感想が聞かれます。

Ⅲ 住民が地域課題を共有し、共にその課題を解決していく仕組みづくり ⇒ 3つのエリアに「福祉のまちづくり委員会」

令和3年4月から福祉カレッジの修了生を中心とした「福祉のまちづくり委員会」の活動が市内3つのエリアで始まりました。そのエリアを担当するコミュニティソーシャルワーカー（以下、「CSW」）が委員会の活動を支援します。現在、市内の3つのエリアで地域アセスメントのワークなど、まずはその地域を知る取組みを始めています。地域課題について話し合う協議体の要素と、その課題解決のための取組みとしてできることはやってみようという活動体としての要素を併せ持った委員会であり、地域住民が主体的にすすめています。

一方、3つのエリアで活動に取り組みつつ、各エリアだけでは解決が難しい課題については市域に協議題に合わせた福祉サービス事業者、地域活動者等と

相談支援包括化推進員（後述）が集まり、市等に課題解決のための提案を行う「協議体」としての「福祉のまちづくり協議委員会」を合わせて設置することにしました。

Ⅳ　アウトリーチによる問題発見・解決への取組み ⇒「コミュニティソーシャルワーカー（CSW）」を3つのエリアに

活動計画では、狛江市社協を含む3つの法人が運営する地域包括支援センターの日常生活圏域を3つのエリアとしています。そして、平成30年4月にCSWの1人目を「あいとぴあエリア」に配置。令和2年4月に2人目を「こまえ苑エリア」に配置し、重層的支援体制整備事業を始めた令和4年4月には3人目を「こまえ正吉苑エリア」に配置しました。3人のCSWは狛江市社協の地域総務係に配属され、現在はそこからそれぞれの担当エリアにある居場所等に出向いて

狛江市社協の地域総務係にＣＳＷを配置

活動しています。民生児童委員協議会のエリアは北と南の二つではありますが、丁目単位で民生委員活動とCSWは日常的に連携しています。

CSWとは別に、市内には生活支援コーディネーターも配置しています。1層コーディネーターは狛江市社協の相談支援係に配置され、2層コーディネーターは3つの地域包括支援センターに「介護予防推進員」を兼務する形で配置しています。狛江市社協も地域包括支援センターを「あいとぴあエリア」で運営しており、狛江市社協の相談支援係には2層コーディネーターを1名配置しています。地域包括支援センターと民生児童委員協議会は定期的に連絡会や勉強会を行っており、例えば、新しくできたサービス付き高齢者向け住宅を一緒に見に行くなどの取組みを行っています。

CSWのこれまでの活動実績では、配置4年目となった令和3年度には個別支援の相談件数が131件964回、地域支援の相談件数が44件2,279回となっており、いずれも前年度よりも大きく増加しています。個別支援の相談内容は、重層的支援体制整備事業の対象となる複合的な課題には限らずさまざまですが「ひきこもり」「障がい（精神）」が多くなっています。また、地域に貢献したい、活動したいといった相談もCSWには入ってきます。

地域にある住民の想いをもとにCSWは以下のような取組みを行っています。

コミュニティソーシャルワーカー ってなに？
地域の解決しにくい困りごとを抱えている方と一緒に考え、解決に向けたお手伝いをします。お一人おひとりに寄り添い、地域づくりのパートナーとして地域の皆様のささえあいを支援します。

令和4年4月から市内全エリアに配置されました

担当地域

こまえ正吉苑エリア
（和泉本町、東野川、西野川）
大澤 遥香
と申します

あいとぴあエリア
（中和泉、西和泉、元和泉、東和泉）
野木 遼太
と申します

こまえ苑エリア
（岩戸北、岩戸南、猪方、駒井町）
岸 真
と申します

地域の関係機関や団体等と連携・協力をしながらそのネットワーク化を図り、地域の課題解決力が向上するよう取り組みます。併せて、新たなサービスの提案や仕組みづくりも、みなさんと一緒に考えていきます。

よしこさん家

　Aさんからの相談がきっかけです。Aさんの姉が事情により住み続けられなくなった空き家を地域に役立てたいとの相談でした。当初はAさんが参加するボランティア団体がそこで活動を始めましたが、もっと幅広く地域の皆さんに活用してもらえないだろうかとの想いがAさんにありました。そこで、どんな場にしていくかの話し合いを重ね、令和元年9月に地域の誰もが立ち寄れる居場所「よしこさん家」が開設されました。CSWは活動の場を必要としている団体を「よしこさん家」につなげたり、活動者や団体の情報交換や交流を深める取組みを進めてきました。

　あいとぴあエリアの地域活動の重要な拠点の一つとなっています。

若者の居場所『タルトタタン』

　市内在住の大学生BさんからCSWに相談がありました。Bさん自身が高校生の頃に学校や家に居場所を見いだせず、生きづらさを感じた経験があったことから、生きづらさを抱えた高校生のための相談の場や居場所づくりをしたいとのこと。CSWは、まずはBさんに市内外で子ども・若者向けの居場所活動に取り組んでいる団体を紹介し、Bさんがしたいと思っている活動の具体的なイメージづくりを支援しました。また、市役所の関係部署や学校などにも顔つなぎを行いました。

　そして、令和3年6月に週に1回、高校生のための相談の場とフリースペースを併設した『タルトタタン』が開設されました。「昔ながらのおばあちゃん家でゆるりと過ごそう」をコンセプトに会場は「よしこさん家」にしました。現在は、Bさんから活動を引き継いだ方が対象年齢も拡げた活動に発展させています。

シニア向けの有償おてつだいサービス

　「庭の手入れが・・・」という高齢者からの声を出発点に、こまえ苑エリアを担当するCSWがシニアの生活の困りごとを支える仕組みづくりに、取り組みました。そこでできあがったのは就労継続支援B型事業所TODAY喜多見の通所者が職員とペアを組み、就労支援の一環で困りごとを抱えた高齢者のお宅を訪問する有償のお手伝いサービスです。障がいのある人が高齢者を支える取組みが生まれました。

地域情報誌の発行

　こまえ苑エリアを担当するコミュニティソーシャルワーカーの地域支援の取組みの一つとして、地域情報誌「いこいの便り」を定期的に発行し、公共施設等で配布しています。

　また、あいとぴあエリアでも、多摩川住宅で配布されているお便りの裏面を使わせてもらい、CSW が地域だよりを作成しています。写真を交えて地域の気になる活動を発信しています。

　3 つのエリアで同じ取組みをすすめるのではなく、その地域ごとに応じた取組みを CSW が工夫しています。

想いをつなげる∞プロジェクト　｜　スマホなんでも相談会＆生活のよろず相談会

　コロナ禍ならではの活動では、あいとぴあエリアの「よしこさん家」と、こまえ正吉苑エリアにある空き家を活用した多世代交流の場である「野川のえんがわこまち」が、CSW の企画で「『よしこさん家』と『こまち』から発信！想いをつなげる∞プロジェクト」と称し、双方の来訪者やスタッフが描いたイラストやメッセージを展示したり、地区センターにポストカードにして置く取組みを行いました。絵手紙発祥の地である狛江らしく、コロナ禍で活動が制限される中でも想いでつながれたらという願いを形にした試みのひとつです。

　その他にもコロナ禍では、CSW はスマホなんでも相談とセットに生活のよろず相談を行う工夫などにも取り組んできました。

Ⅴ　地域課題に応じた狛江市社協内の事業間の連携、他事業との連携

　狛江市社協ではコロナ禍に取り組んだ緊急小口資金の特例貸付などを通じて、これまでは福祉とつながりのなかった地域の生活困窮者と接点を持つ機会がありました。外国籍の住民もその一つです。狛江市社協が指定管理を受けて運営している狛江市市民活動支援センター「こまえくぼ1234」では学校からの相談をもとに外国人児童への日本語支援の活動に小学生の保護者世代の参加を得ることに取り組みました。また、外国籍の住民の方々の生活課題が顕在化してきていることから令和4年度の福祉カレッジで「やさしい日本語」を講座に取り入れました。一方 CSW も日本に来て間もない児童に対して、狛江市社協に寄付されたランドセルをお譲りするなど外国籍の住民への支援にも取り組みました。

　東京社会福祉士会が受託している生活困窮者自立相談支援事業を実施するこま YELL とのつながりもありました。コロナ禍の前には生活困窮者の中間的な就労の場としてサロンの手伝いの場を紹介したりしていました。コロナ禍には就労体験の場が限定される傾向にありますが、市内には企業も少ないことからも、就労体験の場づくりは今後の課題の一つです。

　さらに、狛江市社協が事務局を担う社会福祉法人の連絡会では、各参加法人による「福祉なんでも相談」の窓口を開設しています。コロナ禍には生活困窮者への食糧支援が盛んになり、法人連絡会ではフードドライブを実施している NPO 法人と連携し、食品寄贈が少なくなる時期に合わせて連絡会に加入している法人で呼びかけを行い、食品寄贈（フードドライブ）を行いました。

Ⅵ　市福祉相談課の「福祉総合相談窓口」に相談支援包括化推進員

　狛江市では平成26年4月の組織改正により、福祉相談課、高齢障がい課を設置するとともに、市役所内に「福祉総合相談窓口」を開設しました。市の福祉相談課では、相談員の募集にあたり社会福祉士または精神保健福祉士の資格をもっていることを要件としており、経験のある専門職を相談窓口に配置することができています。また、福祉相談課には生活支援係と相談支援係が設置され、生活支援係には生活困窮者自立支援制度の自立相談支援事業を受託する「こま YELL」も席を置いています。相談支援係には保健師も配置しています。さらに、狛江市では令和3年4月から全国でも珍しく各地域包括支援センターにそれぞれ1名ずつ精神保健福祉士を増配置しています。さまざまなケースにおいて、本人や家族に精神疾患がみられるケースも少なくないことから市の運営協議会で対応の強化の必要性が答申され、配置に至ったものです。

　平成31年4月からは福祉相談課の相談支援係長を「相談支援包括化推進員」としています。重層的支援体制整備事業では分野別の相談支援機関だけでは解決の難しい複雑化・複合化した課題の支援について、市の相談支援包括化推進員が支援会議等を通じ調整していくことを想定しています。そして、市に相談支援包括化推進員を配置するとともに、狛江市社協の3人の CSW が相談支援包括化推進員を兼ねます。市と狛江市社協の双方に相談支援包括支援員を配置して両者の特性を活かし、多問題を抱えて緊急性の高いケースなどは市の

相談支援包括化推進員が関わり、時間をかけて地域との関わりを作っていく必要のあるケースなどは CSW を兼ねる狛江市社協の相談支援包括化推進員が関わっていくような役割分担が想定されています。

市の相談支援包括化推進員　◀　虐待対応など緊急性の高いケース

時間をかけて地域とのつながりを作るケース　▶　狛江市社協の相談支援包括化推進員（CSW を兼ねる）

Ⅶ 第1次狛江市重層的支援体制整備事業実施計画

　狛江市では、令和3年度に重層的支援体制整備事業への移行準備事業を実施し、令和4年度から重層的支援体制整備事業を実施しています。

　社会福祉法第106条の5では、市町村は重層的支援体制整備事業を適切かつ効果的に実施するため、「重層的支援体制整備事業実施計画」を策定するよう努めるとされています。狛江市では令和4〜5年度の2年間を計画期間とする「第1次重層的支援体制整備事業実施計画」を策定しています。令和6年度からの第2次の実施計画は、狛江市第5次地域福祉計画と計画期間を合わせて一体的に策定することを予定しています。

	令和4年度	令和5年度	令和6年度	令和7年度	令和8年度	令和9年度	令和10年度	令和11年度
地域福祉計画	第4次		第5次					
重層的支援体制整備事業実施計画	第1次		第2次					
地域福祉活動計画	第3次		第4次					

　この第1次実施計画では、重層的支援体制整備事業の実施体制を整備するため、①支援、②つなぎ、③出会い、の3つの重層化を図るための仕組みづくりを進めるため、各事業を以下のような実施体制で取り組むことが盛り込まれています。

1　包括的相談支援事業

　包括的相談支援事業は既存の相談支援体制の継続が基本となっていますが、既存の機関同士をつなぐため、各相談支援機関の管理者を「相談支援推進員」として任命するとともに、「包括的相談支援事業用シート登録システム」を活用した情報共有の制度を構築していく予定です。また、前述のように市役所内に「福祉総合相談窓口」を設置する取組みも既に始めています。

対象者	事業を行う体制
生活困窮者	自立相談支援事業
高齢者	地域包括支援センターの相談支援事業
障がい者	障がい者相談支援事業
子ども	利用者支援事業 　　基本型：子ども家庭支援センターの相談支援事業 　　特定型：保育サービスコーディネーターによる相談支援事業 　　母子保健型：妊婦面談事業（ゆりかご狛江）

　狛江市社協では地域包括支援センターの一つを運営していることから包括的相談支援の一翼を担いますが、担当エリアにアウトリーチする CSW も様々な機会に相談ごとを受けとめてきています。そこで受けとめた課題を CSW で抱え込むことなく、地域の関係機関とともに解決を進めることが大切になります。また、前述のように、狛江市社会福祉法人連絡会も「福祉なんでも相談」に取り組んでいます。各法人の専門性を活かした相談支援の取組みが期待されます。

2　多機関協働事業

　狛江市では対象者ごとに既に設置されている会議体を「支援会議」「重層的支援会議」に位置付けます。ただし、対象者ごとの会議体の構成員だけでは世帯全

対象者	会議体
生活困窮者	支援調整会議
高齢者	地域ケア会議
障がい者	地域自立支援協議会
子ども	子ども家庭支援ネットワーク会議

体の状況を把握するために必要な情報が得られない場合には、必要な支援者や支援関係機関の構成員を加えて情報共有することを想定しています。

　さらに、市の福祉相談課に配置している「相談支援包括化推進員」を中心とした情報の共有化をすすめるため、各相談支援機関の管理者などを「相談支援推進員」に任命するとともに、「ちょっと気になる」「支援が必要そうだな」というケースの情報が市の「相談支援包括化推進員」に集まるよう、狛江市では「つなぐシート」という仕組みを導入しました。「つなぐシート」は、困りごとに気づいた機関が「他の相談支援機関につなぐ必要があると思われるが誰に伝えて良いかわからない」といった場合、関係機関に共有することの同意を本人から得たうえで、福祉相談課の相談支援包括化推進員に情報を提供するためのシートです。

　情報共有を円滑に行うため、自治体向けのプラットフォーム「LoGo フォーム」を用いており、パソコンやスマートフォンの端末で入力することもできます。ただし、必ずしもシートを用いる必要はなく任意の様式で伝えたり、直接、相談することでも構いません。まずは庁内向けの関係部署への案内から取り組まれていますが、将来的には、相談窓口に限らず、「つなぐシート連絡員」を市内に広げ公共機関や店舗の店員などからの気づきが寄せられることも目指しています。

　相談支援機関等は「つなぐシート」などの仕組みを用いて困難事例を福祉相談課に寄せ

るだけが役割ではありません。「相談支援包括化推進員」は複雑化、複合化した課題を調整してできるだけ通常の支援へと戻していくことをめざしています。

　次のような事例について、「つなぐシート」の活用が庁内に呼びかけられています。

【事例１】
騒音問題にお困りの方から問い合わせがあり現地に行ったところ、騒音計で拾えるような音は検出することができませんでした。話を詳しく聞いてみると感覚過敏ではないかと思われる方でした。

【事例２】
樹木が越境し公道に枝がはみ出しているとの通報がありました。現地に行ったところ、高齢者の方のひとり暮らしで、本人が一人で枝の剪定等をできる状況ではありませんでした。また、年金収入もわずかで業者へ依頼することも難しいと思われるような状況です。

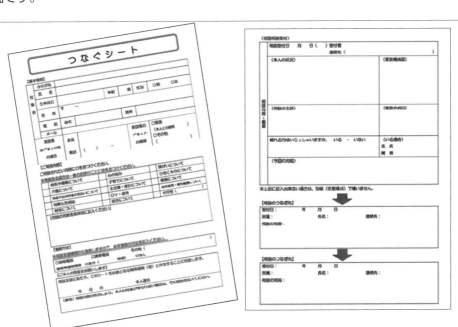

	事業内容等
多機関協働事業	相談支援包括化推進員の配置 【支援対象者】制度の狭間の問題・複合的な課題を抱える市民・世帯 【実施方式】①一部直営：福祉相談課相談支援係長が兼務 　　　　　　②一部委託：狛江市社協の CSW が兼務 【圏域】①一部直営：全域 　　　　②一部委託：市内日常生活圏域３か所に配置 【事業の内容】①生活課題を抱える市民及びその世帯に対する包括的な支援 　　　　　　　②相談支援包括ネットワークの推進 　　　　　　　③自主財源の確保のための取組の推進 　　　　　　　④新たな社会資源創出のための取組み

3　アウトリーチ等事業

　狛江市社協は CSW の配置にあたって、地域福祉活動計画の重点目標に掲げたのは「アウトリーチによる問題発見・解決への取組み」でした。重層的支援体制整備事業では狛江市社協の CSW が「アウトリーチ等事業」を受託しています。令和4年度には3人の CSW がそれぞれの担当エリアで複合的な課題を抱える世帯などにアウトリーチする取組みをすすめ、5件の支援実績がありました。

	事業内容等
アウトリーチ等事業	CSW（コミュニティソーシャルワーカー）の配置 【支援対象者】制度の狭間の問題・複合的な課題を抱える市民・世帯 【実施方式】委託：狛江市社協 【圏域】市内日常生活圏域3か所に配置 【事業の内容】①生活課題を抱える市民及びその世帯に対する個別支援 　　　　　　　②日常生活圏域における生活支援の仕組みづくり 　　　　　　　③日常生活圏域で解決できない問題を解決していく仕組みづくり

4　参加支援事業

　参加支援事業は、生活困窮者自立支援事業を実施する「こま YELL」が受託しており、生活困窮者以外を対象とした就労準備支援事業として、地域の様々な関係機関の協力を得て取り組むことを目指しています。連携先や協力機関の一つには狛江市社協も位置づけられています。

	事業内容等
参加支援事業	生活困窮者以外の就労準備支援事業 【支援対象者】生活困窮者になるおそれのある市民 【実施方式・支援機関】委託：東京社会福祉士会・こま YELL 【事業の内容】①生活困窮者になるおそれのある市民の生活習慣の確立 　　　　　　　②生活困窮者になるおそれのある市民の社会参加能力の形成 　　　　　　　③生活困窮者になるおそれのある市民の事業所での就労体験等 　　　　　　　　一般就労に従事する準備としての基礎能力の形成 【連携先】狛江市社協、認定就労訓練事業所、就労体験協力事業者、ハローワーク、無料職業紹介事業者、シルバー人材センター、障がい福祉サービス事業所、障がい者就業・生活支援センター、商工会議所、NPO・ボランティア団体

5　地域づくり事業

　各分野における既存の地域づくりに関する事業をすすめることに加えて、前述の福祉カレッジ、福祉のまちづくり委員会が地域づくり事業に位置付けられています。

	事業内容等
地域づくり事業	地域共生社会推進事業（福祉カレッジ・福祉のまちづくり委員会） 【支援対象者】市民 【実施方式】委託：狛江市社協 【圏域】①福祉カレッジ：市内 　　　　②福祉のまちづくり委員会：市内日常生活圏域3か所に設置

　「福祉のまちづくり委員会」は３つのエリアとも立ち上げがすすんでおり、定期的に委員会が開催されています。福祉カレッジの修了生を中心とし、地域包括支援センター職員、民生・児童委員、教育関係者、地域活動者などさまざまな方が構成員となり、CSW が提起する地域課題、あるいは地域住民や委員自身が感じている課題を検討する場として取組みが始まっています。

福祉のまちづくり委員会「和泉手つなぎ会」	福祉のまちづくり委員会「いこいねっと」	福祉のまちづくり委員会「のがわのわ」
・令和4年1月〜 ・あいとぴあエリア ・隔月1回、土曜日	・令和3年8月〜 ・こまえ苑エリア ・原則偶数月の第1日曜日	・令和4年1月〜 ・こまえ正吉苑エリア ・月1回　日曜日

◆グループワークの様子	◆スマホ教室の様子	◆まち歩きの様子

　さらには、新たに多世代・多機能型交流拠点「ふらっとなんぶ」が令和5年3月20日に開設されました。これは地域の多世代が交流したりさまざまな地域活動団体が集うとともに、CSW が担当エリアにアウトリーチする拠点です。あいとぴあエリアには「よしこさん家」、こまえ正吉苑エリアには「野川のえんがわ こまち」がそれぞれあり、いずれも空き家を活用した拠点です。新たな「ふらっとなんぶ」は、もう一つのこまえ苑エリアに市として新しく整備する拠点です。

　「ふらっとなんぶ」には、狛江市社協のこまえ苑エリア担当の CSW とともに、地域包括支援センターである「こまえ苑」の専門職、子育て支援団体の「子育ての輪」の職員が常駐します。そこでは、居場所・集いの場の運営、相談支援、地域見守り事業、イベント等の企画・運営を市民と協働して取り組んでいくことを目指しています。「福祉のまちづくり委員会」も「ふらっとなんぶ」を拠点に地域課題の解決に向けた取組みをすすめていく予定です。

＊　　＊　　＊　　＊　　＊　　＊　　＊

　狛江市社協では、ふくしえほん「あいとぴあ」を市内在住の就学前の子どもたちに配布するなど、これまで福祉教育にも力を入れてきました。子ども・若者支援への狛江市社協としての関わりが今後、重要となっています。CSW には地域の多世代交流の輪を広げながら、地域住民による主体的な地域活動を推進していくことが求められています。狛江市社協らしい、重層的支援体制整備事業を活用した地域共生社会の実現に向けた取組みが期待されます。

重層的支援体制整備事業に向けた 社協の取組み方策検討プロジェクト

1 プロジェクトメンバー ※オブザーバー

	メンバー	所　属
1	諏 訪　　徹	日本大学文理学部社会福祉学科　教授
2	熊 田 博 喜	武蔵野大学人間科学部社会福祉学科　教授
3	小 山 奈 美	中野区社会福祉協議会　経営管理課長
4	山 本 繁 樹	立川市社会福祉協議会　地域活動推進課長
5	加 山　　弾※	東洋大学社会学部社会福祉学科　教授
6	大 和 智 史※	八王子市社会福祉協議会　支えあい推進課主査

上記メンバーに加え、毎回、ヒアリング先の社協が参加

2 プロジェクト開催日時

令和3年度

	開催日時	内　容
第1回	12月3日（金）	八王子市社協へのヒアリング内容の報告と取組み方策の検討
第2回	4年1月25日（火）	世田谷区社協へのヒアリング内容の報告と取組み方策の検討

令和4年度

	開催日時	内　容
第1回	6月22日（水）	立川市社協へのヒアリング内容の報告と取組み方策の検討
第2回	9月9日（金）	中野区社協へのヒアリング内容の報告と取組み方策の検討
第3回	10月25日（火）	墨田区社協へのヒアリング内容の報告と取組み方策の検討
第4回	5年1月16日（月）	西東京市社協へのヒアリング内容の報告と取組み方策の検討
第5回	5年3月13日（月）	狛江市社協へのヒアリング内容の報告と取組み方策の検討

重層的支援体制整備事業　実践事例集
～実施７区市の区市町村社協の取組みより～

発行日：令和５年３月

発　行：社会福祉法人東京都社会福祉協議会
　　　　地域福祉部地域福祉担当
　　　　〒162-8953　東京都新宿区神楽河岸 1-1
　　　　TEL：03-3268-7186
　　　　FAX：03-3268-7222